Ich danke allen, die mir geholfen haben dieses Buch zu schreiben, meinem Mann, meinen Freundinnen, meinen Kolleginnen, meinem Supervisor und allen anderen, denen ich das Buch zu lesen gab und die mir Mut machten es zu veröffentlichen, weil sie diese Geschichte und mein Ansatz gepackt hat. Für meine therapeutische Ausbildung danke ich meinem Lehrtherapeuten aus tiefstem Herzen. Seine klare und kompromisslose Frage nach meiner Sichtweise hat mir meinen therapeutischen Weg eröffnet.

Das Vertrauensverhältnis in einer Psychotherapie ist ein hohes Gut. Ich bitte um Verständnis, dass die vorliegende Lebensgeschichte keine Dokumentation ist, sondern zum Schutze der Patientin einiges hinzu erfunden, anderes weggelassen und wieder anderes deutlich verändert wurde. Es geht nicht darum, ob alles genau so passiert ist, sondern darum, ob es genau so passiert sein könnte.

Sabine Breunig

Ein Leben lang schuldig

Was kann Psychotherapie?

Eine Lebensgeschichte, ein Therapiebericht
und Gedanken über Psychotherapie

Bibliografische Information der Deutschen Nationalbibliothek:
Die Deutsche Nationalbibliothek verzeichnet diese Publikation in der Deutschen Nationalbibliografie; detaillierte bibliografische Daten sind im Internet über http://dnb.dnb.de abrufbar.

© 2015 Sabine Breunig   sabine.breunig@gmx.net

Bilder: © Miriam Tschubel

Herstellung und Verlag: BoD – Books on Demand, Norderstedt

ISBN: 978-3-7347-8679-2

Inhalt

Vorwort 7

Frau S.	Meine Mutter	13
Therapie	Erstgespräch	14
Die Therapeutin	Psychotherapie	17
Frau S.	Meine Familie	21
Die Therapie	Anfang	23
Die Therapeutin	Psychologiestudium	26
Frau S.	Die Männer	30
Die Therapie	Selbstbild	32
Die Therapeutin	Suche, Würde und Krokodile	34
Frau S.	Im Heim	37
Die Therapie	Die Fassade bröckelt	39
Die Therapeutin	ums Studium	41
Frau S.	Die Tat	44
Die Therapie	Zweiter Anfang, Schuldgefühle wegen Tod der Katze	46
Die Therapeutin	Therapieausbildung	48
Frau S.	Heim für Schwererziehbare und Gefängnis	51
Die Therapie	Sich wehren können? Was habe ich verdient?	53
Die Therapeutin	Im Blick der Theorien	56
Frau S.	Der Vormund	59
Die Therapie	Differenzierung, Erwartung und Tatsache	63
Die Therapeutin	Kindheit	65
Frau S.	Leben in Freiheit, Sohn und Mann	69
Die Therapie	Erstes Hoch, Normalität im Krankenhaus	71
Die Therapeutin	Lehrtherapie	74
Frau S.	Meine Familie	76
Die Therapie	Erster Einbruch	79
Die Therapeutin	Zuwendung im Kontext	81
Frau S.	Im Frauenwohnheim	85
Die Therapie	Intensive Arbeit	87
Die Therapeutin	Sicherheit im Kontakt	90
Frau S.	Therapie im Frauenwohnheim	94
Die Therapie	Weihnachten und Runder Tisch	97

Die Therapeutin	Vertrauen	100
Frau S.	Selber leben mit Psychiatrie	104
Die Therapie	Ein längeres Hoch	106
Die Therapeutin	Interesse und Erkenntnis	109
Frau S.	Meine eigene Wohnung	112
Die Therapie	Geborgenheit, zwei Jahre nach Therapiebeginn	114
Die Therapeutin	Verdrängen und Kräfte	116
Frau S.	Übergangshaus und Therapiebeginn	119
Die Therapie	Das dritte und bis ins vierte Jahr	121
Die Therapeutin	Veränderung und neue Wege	126
Frau S.	Familie heute	129
Die Therapie	Idee zum Buch	132
Die Therapeutin	Veröffentlichen?	136
Frau S.	Zeitungsartikel	138
Die Therapie	Zwei weitere Jahre	140
Die Therapeutin	Zweifel	142
Frau S.	Eine Nachbarin	147
Die Therapie	rritation	149
Die Therapeutin	Sexueller Missbrauch	152
Frau S.	Therapie - Heute	154
Die Therapie	Sechstes und siebtes Jahr	157
Die Therapeutin	Missbrauch und Klarheit	160
Frau S.	Was ist möglich?	165
Die Therapie	Abgrenzung Tanja	167
Die Therapeutin	Psychotherapie und Politik	170
Frau S.	Missbrauch, Selbstverletzung und veränderte Rollen	172
Die Therapie	Revolution, Neues und Verwirrung	174
Die Therapeutin	Integration	177
Frau S.	Lust zu leben	181
Die Therapie	Wie weiter?	181
Frau S	Was ich sagen wollte	185

Vorwort

Dieses Buch zu schreiben ist nicht einfach. Ich möchte die Geschichte von Susanne S.[1] erzählen. Aber es ist nicht meine Geschichte. Ich bin die Therapeutin von Frau S. und sie hat mir so viel von sich erzählt wie niemandem sonst. Ich weiß, wie schmerzhaft und entbehrungsreich ihre Kindheit war und ich weiß, dass auch heute noch viele andere Kinder Vergleichbares erleben.

Ich möchte diese Geschichte erzählen, weil man an ihr viel verstehen kann. Was Kinder immer wieder erleben, wie ihre Erfahrungen sie prägen, welche Folgen die Kinder tragen aber auch das Gemeinwesen, und was in einer Psychotherapie wichtig ist.

Nach dem Mord an ihrem Stiefvater hat Frau S. mehrere Jahre im Gefängnis gesessen und weiter fast Jahrzehnte in psychiatrischen Kliniken oder anderen Einrichtungen verbracht. All die Jahre hat sie sich beinahe täglich selbst verletzt. Heute lebt sie in einer eigenen Wohnung und hat ein Gespür für ihre Würde. Sie bekommt Unterstützung in Form von Gesprächen, Organisation der Finanzen und des Alltages, die sie sehr schätzt. Über Jahrzehnte hat diese Frau den Staat viel Geld gekostet. Dass sich dies verändert hat, ist ein Ergebnis mehrerer Voraussetzungen. Zuallererst ist Frau S. eine starke Persönlichkeit, die es geschafft hat, trotz all der Belastungen nicht durch Drogen ihre Persönlichkeit und ihre kognitiven Fähigkeiten zu ruinieren. Während der unzähligen Klinikaufenthalte hat sie auf eine gewisse, wenn auch verquere Weise eine Art Geborgenheit gesucht und gefunden. Sie hat immer wieder von „professionellen Helfern" Interesse und Zuwendung erfahren. Viele Jahre sie auf „Rettung" von außen gewartet und heute weiß sie, dass das nicht funktioniert.

Sich selber zu reflektieren, sich selber auszuhalten hatte Frau S. lange Jahre nicht gewollt und nicht gekonnt. Aufgrund der besonderen Bedingungen einer ambulanten Psychotherapie war es mir möglich, nicht in den Strudel von Frau S.'s Missbrauchserwartungen und Spaltungen zwischen Gut und Böse gerissen zu werden, sondern immer wieder frei zu bleiben und Raum für Erkenntnis zu haben. Die ständige, sehr genaue Arbeit an dem, was ihr gefehlt hat – Zuwendung, Wohlwollen, Respekt und Grenzen -, hat ihr ermöglicht, ihre Lebensgeschichte zu verstehen und Verständnis für sich selbst zu entwickeln. So konnte sie beginnen zu wachsen. Es ist nicht alles gut. Aber es hat sich etwas Entscheidendes verbessert.

Frau S. ist in einem Ausmaß psychisch verletzt worden, das die Vorstellungskraft von vielen übersteigt. Die Bearbeitung dieser Verletzungen setzt für die Betroffene unbedingte Freiwilligkeit und die Möglichkeit, jederzeit die eigenen Grenzen bestimmen zu können, voraus. Diese Geschichte anderen zu erzählen macht es jedoch nötig Details zu recherchieren und sich intensiv mit der Vergangenheit zu beschäftigen. Und zwar nicht aus therapeutischen Gründen, um der Klientin[2] besser helfen zu können, sondern um fremden Menschen, dem Leser oder der Leserin ein anschauliches Bild zu vermitteln. Eine solche Arbeit stößt immer wieder die schweren verletzenden Erinnerungen an. Und Frau S. muss sie aushalten. Dies ist ein Dilemma, in dem sich dieses Buch bewegt. Dabei haben die Gesundheit von Frau S. und ihre Grenzen absoluten Vorrang.

Den Anstoß zu diesem Buch gab Frau S. selber. Nachdem sie durch die Psychotherapie erfahren hatte, wie wichtig das Gefühl einer persönlichen Bedeutung für ihr Erleben und die Wahrnehmung ihrer Möglichkeiten ist, und ihr klar wurde, dass nicht ihre höchstpersönliche „angeborene Schlechtigkeit" für lange Jahre gesellschaftlichen Scheiterns verantwortlich war, äußerte sie immer wieder das Bedürfnis, ihre Erfahrung anderen weiterzugeben, um so anderen Frauen zu helfen. Wir verabredeten, diese Idee zu verfolgen, wobei ihr Wohlergehen im Vordergrund stehen sollte.

Diese Therapie war von vielen Schwierigkeiten und Unsicherheiten begleitet, aber sie hat mich auch immer wieder sehr berührt. Sie ist für mich ein beeindruckendes Beispiel, wie sehr es sich lohnt, an den Menschen zu glauben und das Gegenüber als jemanden zu sehen, den man verstehen kann! Nie vollständig, aber immer wieder voll und ganz.

Ich wünsche mir und Ihnen, dass das Vorhaben gelingt, die Geschichte von Frau S. zu erzählen. Dass Frau S. es aushält und selber davon profitiert. Dass sie möglicherweise mit ihren Geschwistern ins Gespräch kommt. Ich weiß aber, dass die Konfrontation mit der alten Geschichte sie unglaublich verletzen und überfordern kann. Das soll nicht geschehen und hat Priorität.

***

Dieses Vorwort habe ich geschrieben, bevor ich und Frau S. begonnen haben, an diesem Buch zu arbeiten. Während des Schreibens fragte ich mich immer wieder, was denn mein Antrieb ist, dieses Buch zu schreiben.

So war diese Therapie, trotz aller Schwierigkeiten und obwohl einiges definitiv nicht einer klassischen ambulanten Psychotherapie entspricht - wie die sehr schwere Symptomatik, die vielen ausgefallenen Stunden und die teils wenig strukturierte, sondern mehr suchende und hinfühlende Arbeit während der Stunden –, für mich immer wieder auch ein Beispiel einer gelungenen Psychotherapie. Dieser Widerspruch hat mich beschäftigt und schien mir lohnenswert genauer betrachtet zu werden.

Und weiter zeigt sich in dieser Therapie etwas, was mich während meiner ganzen Ausbildung immer wieder beschäftigt hat. Laut Lehrbuch wäre diese Therapie nie zustande gekommen, zu viele Terminabsagen, zu viele Selbstverletzungen. Und doch, viele Aspekte, die in anderen Therapien ebenfalls eine Rolle spielen, waren bei dieser Therapie überaus deutlich: Meine eigene Unsicherheit, die Risiken, die Fragen: Was hilft? Was ist wichtig? Was schadet? Wie gehe ich vor? Die Konzentration auf den Kontakt, auf die Beziehung! Die Einzigartigkeit des therapeutischen Kontaktes. Ein Lehrbuch oder eine Methode tragen nie durchgehend. Aber so offensichtlich begrenzt ist es selten. Vielleicht haben mich gerade diese Umstände frei gemacht auszuprobieren und nicht so schnell aufzugeben.

Ich habe Psychologie studiert, eine Gestalttherapieausbildung und Weiterbildungen in Verhaltenstherapie und tiefenpsychologisch fundierter Therapie absolviert. Immer wieder hatte ich Zweifel am Lehrstoff oder den Lehrpersonen. Die Schwachstellen oder gar das Nichtzutreffen schienen mir so offensichtlich, dass ich nicht verstand, warum andere so wenig ein Problem damit zu haben schienen. Gerne hätte ich gewusst: Was haben diese Therapeuten eigentlich erlebt? Hat ihre Erfahrung ihre Theorie beeinflusst und können sie ihre Methode an sich selbst bestätigen? Ich argwöhnte, ob meine Kritik und mein Zweifel Ausdruck einer eigenen psychischen Problematik seien? Konnte ich nicht zustimmen, weil ich ein Problem mit Autoritäten hatte oder damit, etwas von anderen anzunehmen? Und falls ja, was folgt daraus? Doch zustimmen?

Im Laufe der Jahre habe ich gelernt, meine Kritik und meine Zweifel ernst zu nehmen, und genau diese Erfahrung hat mir viel eröffnet. Sie ist mir eine wichtige Grundlage in meiner Arbeit geworden und von ihr und meinem Weg möchte ich erzählen. Mein persönlicher Werdegang bot mir viel Material, um Frau S., und nicht nur sie, verstehen und unterstützen zu können.

Die Anerkennung der Psychotherapie als gesetzlich geregelter Krankenbehandlung, analog zu medizinischer Behandlung, legt nahe, dass ein Patient bei jedem Therapeuten einer bestimmten Richtung dieselbe Behandlung bekommt. Das ist natürlich nicht so. Psychotherapie ist eine sehr spezielle Begegnung zwischen zwei Menschen. Ein einzigartiger Klient trifft auf einen einzigartigen Psychotherapeuten. Und in dieser Begegnung liegt eine große Kraft. Was hilft Patienten und Therapeuten, sich hier zurechtzufinden? An meinem Beispiel können Sie Einblick in die Persönlichkeit e i n e r Psychotherapeutin gewinnen. Möglicherweise haben Sie anschließend mehr Fragen als vorher und das ist vielleicht gar nicht so schlecht.

***

Da eine Therapie also aus einem Therapiesuchenden, einem Therapeuten und einem neu entstehenden, gemeinsamen Prozess besteht, ist auch dieses Buch durchgehend in drei Perspektiven geschrieben: 1. der mehr oder weniger chronologischen Geschichte von Frau S., ergänzt durch Sichtweisen Dritter; 2. dem Therapieprozess in Auszügen; und 3. meinen Reflexionen über Psychotherapie. Ausgehend von meinem eigenen psychotherapeutischen und persönlichen Werdegang versuche ich einige grundlegende Faktoren meiner Arbeitsweise zu benennen und weiter das Ringen um Unterstützung, Veränderung, Wahrheit, Gemeinsamkeit und Professionalität zu beschreiben, nicht zuletzt unter dem Aspekt „sexueller Kindesmissbrauch".

Es ist möglich, die einzelnen Teile für sich und hintereinander zu lesen oder während des Lesens dem Wechsel zu den verschiedenen Blickpunkten zu folgen und sich quasi spiralförmig dem Prozess und dem Thema zu nähern. Teilweise ließen sich Doppelungen in den verschiedenen Teilen nicht vermeiden. Wenn Sie eine Sichtweise nicht interessiert, lassen Sie sie einfach weg. Vielleicht interessiert sie Sie ja später noch.

Frau S. - Meine Mutter

Ich bin immer meiner Mutter hinterher gelaufen. Wenn sie zum Friseur ging oder auch nur zur Telefonzelle, um die Polizei zu rufen, weil mein Vater sie wieder geschlagen hat. Auch wenn meine Mutter mich immer weggeschickt hat.

Ich glaube, ich habe meine Mutter am meisten geliebt, von uns allen. Sie müssen wissen, bei uns war es nicht so wie bei anderen. Meine Mutter hat ja fast nicht gesprochen. Bei uns wurde überhaupt nicht geredet. Sie hat auch nicht gekocht. Gar nichts gemacht hat sie. Nur auf dem Sofa gelegen.

Mein Vater war Fabrikarbeiter, im Schichtdienst. Er war oft nachts weg. Er hat ja irgendwie für uns gearbeitet. Aber lieb war er nur zur Barbara und zum Stefan. Wir waren ja alle von anderen Männern. Das war bei uns so. Da wurde gar nicht drüber geredet.

Das Schlimmste war für mich, als meine Mutter gestorben ist. Ich war neun Jahre alt. Mein Vater hatte sie in den Bauch getreten, obwohl sie im achten Monat schwanger war. Sie kam ins Krankenhaus und dann nie mehr wieder. Sie haben gesagt, dass sie an Thrombose gestorben sei, aber ich habe immer geglaubt, weil mein Vater sie getreten hatte, in den Bauch. Ich habe lange geglaubt, dass sie nicht gestorben ist, sondern zu einer anderen Familie gegangen ist. Und dass sie mich irgendwann holen kommt.

Ich durfte auch nicht zur Beerdigung. Weil ich so jung war und so ungehorsam. Nur Barbara und Monika. Mich wollten Sie nicht dabei haben. Manchmal denke ich heute noch, dass sie irgendwann kommt. Dann bin ich so traurig und habe große Sehnsucht.

Ich weiß nicht, warum ich meine Mutter so geliebt habe. Meine Mutter hat mich ja nie in Arm genommen oder so etwas. Sowas gab's bei uns nicht. Vielleicht, weil ich ihr ähnlich sah. Meine Schwester sah mehr meinem Vater ähnlich.

Wir waren sechs Kinder. Barbara, Monika, ich – ich sollte wohl ein Junge werden -, dann die Kleinen, Gudrun, Stefan und Ulrike. Bei uns wurde sich wenig um uns gekümmert. Die Barbara hat sich um alle gekümmert.

Therapie - Erstgespräch

Frau S. kommt an einem warmen Spätsommertag mit ihrer Betreuerin[3] in meine Praxis. Zuvor hatte die Betreuerin angerufen und um einen Therapieplatz für Frau S. nachgefragt. Ihr war bewusst, dass dies nicht üblich ist, da der eigene Wunsch, eine Psychotherapie zu machen, eine große Kraft und Motivation darstellt, ohne die eine Therapie häufig nicht zustande kommt. Deswegen achten wir Therapeuten meist darauf, dass die Klienten selber anrufen. Die Betreuerin erklärte, dass Frau S. für die ersten Schritte Unterstützung bräuchte, dann aber sicher bald alleine in die Stunde kommen könnte.

Im Erstgespräch berichtet Frau S., dass sie „seit 25 Jahren Borderline[4]" habe: „Die Schnitte werden immer länger und tiefer. Vor kurzem bin ich wieder in die

Klinik gekommen, bin fixiert worden, weil ich autoaggressiv war." Sie sagt, sie sei seit fünfzehn Jahren immer wieder in psychiatrischen Kliniken gewesen: Berlin, Hamburg, Lüneburg, …

Frau S. hat dunkle, dichte, krause Locken, frisch gewaschen, kaum grau. Sie sitzt aufrecht im Stuhl, leicht zurückgelehnt. Ihr ist anzusehen, dass sie einiges erlebt hat, aber sie ist auch sehr präsent, wirkt klar und lebendig. So wirkt sie gleichzeitig jünger und älter als ihre 49 Jahre. Sie wird mir dadurch sympathisch. Ihre Kleidung fällt auf, Kleidung, die wenig Geld gekostet hat, aber ausgewählt ist. Sie schaut zwar häufig weg, blickt mich aber auch immer wieder an.

Auf die Frage, ob sie etwas darüber wisse, wieso es ihr so schlecht gehe, sprudelt es aus ihr heraus: Ihre Mutter sei an Thrombose gestorben, im achten Monat schwanger. Sie habe ihren Vater umgebracht. Auch weil er sie missbraucht habe. „Immer kam der Spruch: Ich geh mit der Susanne spazieren, und dann endete das im Wald." Auch der Onkel habe es gemacht. Dabei schaut sie mich nicht an, spricht teilweise in kurzen, unzusammenhängenden Sätzen, teilweise in einem harten, lockeren, lässigen Ton.

Ich bin elektrisiert. Stimmt das? Jemanden umgebracht? So viel Missbrauch auf einmal. Lange Jahre in Kliniken. So eine schwere Geschichte habe ich noch nie so nah erlebt. Ich frage nicht weiter, sondern frage erst nach ihrem Alltag, um zu sehen, wie stabil der ist.

Sie sagt, dass sie jetzt allein lebe, der ambulante Pflegedienst bringe drei Mal am Tag die Medikamente, weil sie damit Mist gebaut habe, alle auf einmal genommen. Es sei ihr ein paar Jahre gut gegangen, bis sie obdachlos geworden sei. Dann habe sie im Übergangshotel gelebt. Nach der Vergewaltigung – sie sagt nichts Genaues - sei es ihr sehr schlecht gegangen. Es habe sich alles nur um den Mann gedreht, der eine Psychose habe.

Psychotherapie habe sie noch nie gemacht, nur während der Kliniken viele Gespräche.

Sie spricht schnell, in kurzen Sätzen, mit wenig Emotion: „Mein Mann hat nicht verstanden, dass ich psychisch krank war. Depressiv war ich, ich konnte nicht arbeiten. Die ersten Jahre waren eine schöne Zeit. Aber als die Kinder in die Schule gekomen sind, war ich mit allem überfordert. Ich habe die Kinder mit einem Bügel geschlagen. Die Scheidung war sehr schlimm. Mein Ältester kam in eine Pflegefamilie. Seit fünfzehn Jahren habe ich nichts von ihm gehört."

Sie schaut noch mehr zur Seite, hört kurz auf weiter zu sprechen. Und weiter geht es mit ihrer irgendwie harten und gleichzeitig unbeteiligten Stimme. Tanja mache Sorgen. Sie habe versucht, sich das Leben zu nehmen und kratze an sich herum.

„Sieben Jahre habe ich bekommen. Fast die ganze Zeit habe ich gesessen. Fünf Jahre und zwei Monate war ich drin. Ich war ja immer nur in der A- oder B- Zelle[5]."

Sie redet so schnell. Ich kann nicht nachfragen, was A- oder B-Zelle bedeutet. Die Informationen sind wichtig, aber viel zu viel.

Zur ältesten Schwester habe sie Kontakt. Die sei verheiratet, habe ein Haus, einen Hund, drei Kinder. Ihr gehe es besser.

Oberflächlich berichtet sie eine Leidensgeschichte, sie klagt auch an, aber unter der Spitze des Eisberges befindet sich eine nicht zu ermessende Menge an schlechten Selbstzuschreibungen. Sie ist so schlecht, dass sie diese Tat getan hat, dass sie im Gefängnis gewesen ist, dass sie ihre Kinder nicht erziehen konnte und keine guten Menschen aus ihnen machen konnte.

Nach der Stunde bin ich erschlagen und gleichzeitig elektrisiert. Was stimmt? Kann ich das bei ihrer Betreuerin nachfragen? Eigentlich nicht, die Schweigepflicht in der Therapie ist ein hohes Gut. Was bedeutet das alles? Was hat sie davon selber verstanden, sind ihr die Zusammenhänge bewusst? Das klingt nach einem ziemlich zerdepperten Leben. Was ist hier an Psychotherapie möglich?

Die Therapeutin - Psychotherapie

Seit fast zwei Jahrzehnten arbeite ich als Psychotherapeutin, an meiner Tür ein Schild: „Verhaltenstherapie, Tiefenpsychologisch fundierte Psychotherapie" und „Alle Kassen". Begriffe, die nahelegen, eine Psychotherapie sei klar und übersichtlich, nachprüfbar und gut geregelt. Das ist natürlich nicht so. Schon bei Medizinern ist eine Behandlung nicht eine Behandlung. Bei Psychotherapeuten aber erst recht nicht.

Zwar kommen Patienten immer wieder mit klaren Vorstellungen und wissen bereits ihre Diagnosen: „Ich habe eine Angststörung und soll eine Verhaltenstherapie machen", oder: „Ich bin Borderline und brauche eine Traumatherapie." Frei übersetzt heißt das dann aber eher: „Mach meine Störung weg, aber lass mich in Ruhe," oder „Ich hab zwar keine Ahnung, aber eine klare Vorstellung, und wenn die nicht erfüllt wird, werde ich nervös." Hier können wir beginnen daran zu arbeiten, uns gegenseitig zu verstehen. „Was bedeutet Angststörung? Was ist eine Verhaltenstherapie? Wissen Sie, wie es Ihnen geht? Wissen Sie, was Sie wollen, was Sie brauchen und was möglich ist?"

In den ersten Stunden versuche ich zu zeigen, wie ich arbeite und erkläre manches: Hier in Deutschland finden wir heute eine im Vergleich großzügige Finanzierung durch die Krankenkassen von ambulanten, teils auch längeren Psychotherapien, allerdings nur bei drei Verfahren: der Verhaltenstherapie, der Psychoanalyse und deren abgespeckter Variante, der tiefenpsychologisch fundierten Psychotherapie. Ein Recht auf Therapie hat nur jemand, der krank ist nach einer internationalen Definitionsliste, zum Beispiel eine Depression, Angststörung, Zwänge, psychosomatische Probleme, Borderline oder eine Traumafolgestörung hat.

Die Begrenzung auf diese Verfahren kam zustande, nachdem sich im langen Ringen zwischen Therapeuten, Ärzten, Vertretern der Krankenkassen und Gesundheitspolitikern um eine erste gesetzliche Regelung der Psychotherapie[6], die drei Verfahren behaupten konnten, die bei der Ärzteschaft bereits vorhanden waren und dem klassisch naturwissenschaftlichen Medizinverständnis entsprachen.

Dies war die von Freud im traditionsreichen Europa und vor dem Hintergrund erdrückender moralischer Normen des viktorianischen Zeitalters entwickelte Psychoanalyse, die ein reiches aber eingeengtes Innenleben erforschen und befreien wollte; ihre Weiterentwicklung zur praktikableren kürzeren tiefenpsychologisch fundierten Psychotherapie; sowie die nach Pawlows Beobachtungen zum sabbernden Hund vor allem von J.B. Watson als Gegenreaktion zur ausufernden Psychoanalyse aufgestellte Verhaltenstherapie, welche als rein naturwissenschaftliche Lehre nur beobachtbare, äußere Bedingungen für Verhaltensänderungen gelten lassen wollte. Psychologen hatten sich jedoch auch sehr für eine dritte Richtung, die Humanistischen Psychotherapien, interessiert.

Nach Flucht und Emigration vieler Psychoanalytiker aus dem faschistischen Deutschland nach Amerika, dem Land der unbegrenzten Möglichkeiten, interessierten sich dort viele Therapeuten stärker für den Wert und die Würde des Menschen und für die Bedingungen, unter denen jemand sein eigenes Potential nutzen kann, um sein Leben aktiv zu gestalten. Die Humanistischen Therapien, die entstanden, wie zum Beispiel Gesprächspsychotherapie nach C. Rogers, Gestalttherapie und später die Systemische Psychotherapie, fanden keinen Eingang in das deutsche Gesundheitssystem.

Wir Psychologen mussten uns entscheiden, in welchem der drei Verfahren wir zugelassen werden wollten und entsprechende Nachweise in Theorie und Praxis vorweisen. Viele meiner Kollegen aus der Gestalttherapieausbildung wendeten sich der tiefenpsychologisch fundierten Therapie zu, andere der Verhaltenstherapie. Ich hatte nach Studium und Ausbildung in zwei verschiedenen Praxen in beiden Verfahren gearbeitet und entschied mich für eine Zulassung als Verhaltenstherapeutin, da ich dieses Verfahren zwar als begrenzter und weniger weitreichend, jedoch auch als weniger bestimmend und offener für eigene Ideen erlebt hatte. Fünfzehn Jahre später entschied ich mich, die Zulassung zur tiefenpsychologisch fundierten Psychotherapie nachzuholen, da ich mich in einigen Punkten diesem Verfahren stärker verbunden fühle und für manche Patienten das etwas längere Behandlungskontingent gut gebrauchen kann.

Auch der Krankheitsbegriff hat seine Tücken. Ein Armbruch ist sichtbar und berührt mein Selbstverständnis kaum. Eher führt er zu einer Distanzierung und zu Passivität. Der Arzt soll ihn reparieren und ich halte ihn ruhig oder mache später Gymnastik. In einer Psychotherapie geht es aber im Gegenteil oft darum, aktiver zu werden und zwar gerade in Bereichen, die ich bis dahin ängstlich gemieden habe.

Eine Depression umfasst viel mehr Aspekte und ist schwerer zu fassen. Die Aussage „Ich habe eine Depression" meint oft etwas ganz anderes als „Ich bin depressiv" oder „Mir geht es sehr schlecht" oder „Ich halte es bald nicht mehr aus".

Patienten, die eine Depression „haben", mögen sich zunächst gut in eine Praxis einfügen und bereitwillig Tipps annehmen, sich selber beobachten, etwas unternehmen oder Sport treiben. Aber häufig tritt man nach einer Weile auf der Stelle. In der Therapie bleiben sie einem fern, man erlebt keine Gemeinsamkeit. Die scheinbar fremde Depression bleibt fern. Wenn jemand hingegen etwas kaum aushält, kann ich fragen und vielleicht verstehen. Wenn ich wirklich verstehe und der andere sich durch mich selber besser versteht, dann entsteht etwas Besonderes im Therapiezimmer.

Frau S. - Meine Familie

Wir waren viel draußen. Eigentlich den ganzen Tag. Bei uns gab es ja nichts, wir hatten kein Spielzeug. Es war anders als bei anderen. Bei uns wurde nichts geredet. Gar nichts. Eigentlich war jeder für sich.

Wir waren alle von verschiedenen Vätern. Das war klar, auch ohne dass darüber gesprochen wurde. Barbara, die Älteste, und Stefan, der Zweitjüngste, waren die Kinder von unserem Vater, und von mir und Monika war der Mattner der Vater. Aber der Vater, also der mein Stiefvater war, hat ja für uns gesorgt. Es war so, aber es spielte auch keine Rolle. Monika und ich sahen anders aus als mein Vater und die Barbara, die waren blond. Ich wollte immer meiner Mutter ähnlich sehen. Gudrun und Ulrike waren von jeweils ganz anderen Männern.

Wir waren wohl viel zusammen, aber irgendwie war auch jeder für sich allein. Ich bin viel rumgelaufen, habe auch geklaut. Es gab ja nichts zu essen bei uns. Barbara und Monika haben sich mehr um die Kleinen gekümmert. Ich hatte nicht so viel Geduld.

Mit sieben bin ich in die Schule gekommen. Das war nicht gut. Vorher wollte ich immer hin, wie die Großen, aber ich war nicht gut in der Schule, musste schon das erste Schuljahr wiederholen. Ich bin oft weggelaufen. Hingegangen bin ich schon, aber immer weggelaufen und irgendwann nach Hause gekommen. Erst gab es Ärger, dass ich nicht in der Schule war, aber danach konnte ich da sein. Bei meiner Mutter sein.

Wenn ich Fotos sehe, ... die Barbara und die Monika hatten die Haare immer so schön. So um den Kopf herum gelegt, wie es damals modern war. Ich sah ganz anders aus, hatte kurze Haare, gar nicht schön. Weil ich ein Junge werden sollte? Sie müssen mich gehasst haben.

Irgendwann hat die Frau von unserem Hauswart, im Vorderhaus, mal für uns gekocht. Sie war sehr nett, eine ältere Frau und ihr Mann. Sie hat dann öfter für uns gekocht. Manchmal habe ich zugeguckt. Sie hat ja auch später bei Gericht gesagt, dass sich keiner um uns gekümmert hat.

Großeltern hatte ich nicht. Von meinem Vater, die kenne ich gar nicht, und von meiner Mutter, die kamen vielleicht einmal im Jahr. Sie waren böse, haben nur geschimpft mit uns und der Mutter. Wir waren eigentlich froh, wenn sie wieder weg waren.

Es gab auch keinen Geburtstag oder Weihnachten. Ich kann mich nicht erinnern, mal etwas geschenkt bekommen zu haben. Ich kann mich nicht erinnern, jemals in den Arm genommen worden zu sein. Nicht von der Mutter und vom Vater auch nicht. Aber bei Barbara war es auch nicht anders. Also der Vater hat sie auch nie in den Arm genommen, obwohl sie ja sein Kind war. Aber sie haben sich schon gut verstanden. Er hat mit ihr gesprochen.

Es war immer eine Totenstille bei uns. Keiner hat etwas gesagt. Vater und Mutter haben schon gestritten, ja, er hat sie ja auch geschlagen. Uns nicht. Keinen von uns. Aber es wurde nicht gesprochen.

Ich kann mich eigentlich an nichts erinnern. Die Barbara hat mal erzählt, ... die weiß dass noch alles. Wir hatten eine Puppenstube ohne Puppen, für alle zusammen. Und im Keller fangen sie doch die Mäuse mit so Fallen. Da habe ich (lacht etwas verlegen) mal die toten Mäuse geholt, um damit in der Puppenstube zu spielen.

Die Therapie - Anfang

Zum nächsten Termin kommt Frau S. erst einmal nicht. Ich werde aber von Frau Roth, der Betreuerin, angerufen, sie fragt nach einem neuen Termin. Frau S. kommt. Ich spreche den Ausfall und die Ausfallregelung an. Das ist für die meisten ungewohnt, sie kennen es nicht vom „Arzt". Aufgrund der Behandlungsdauer von einer Stunde spielt es aber bei Therapeuten eine Rolle. Da heute häufig die Krankenkasse die Stunden bezahlt, ist es für die meisten Menschen erst einmal schwer zu verstehen, dass sie ausgerechnet dann, wenn sie nicht kommen, viel Geld bezahlen sollen. Mir ist es wichtig eine Lösung zu finden, die von beiden Seiten angenommen werden kann. Im Zweifel verhandeln wir über die Höhe. Das ist bei Frau S., die einmal die Woche bei ihrem Finanzbetreuer Geld abholen soll - wenn sie es denn schafft - undenkbar. Frau S. stimmt trotzdem der Regel zu. Ich entscheide mich, nicht weiter zu insistieren.

Im Gegensatz zur ersten Stunde erzählt Frau S. wenig von sich, schweigt mehr und sagt, dass sie sehr ungeduldig sei und schnell Veränderungen wolle. Sie schaut überwiegend zur Seite. Sie sagt, sie habe Angst jetzt etwas zu sagen.

Ich versuche zu spiegeln: Wenn sie immer zur Seite schaut, wird sie schutzloser. Nimmt sie das wahr? Wie ist es, wenn stattdessen ich zur Seite schaue und sie mich weiter anschauen kann? Verändert es etwas? Ist es besser?

„Nein, nein, machen Sie das nicht."

Nein, mache ich nicht. Aber warum nicht, wir könnten es kurz probieren. Sie können nur kurz schauen, ob es besser oder schlechter ist.

„Es ist komisch. Ja, ein bisschen besser. Aber komisch."

Sie druckst herum.

„Ich habe doch, … also wenn jemand so etwas getan hat, was ich gemacht habe, … ich muss immer denken, er lebt nicht mehr und ich … lebe immer noch. …"

***

Wenn jemand noch keine Therapie gemacht hat, muss man erst einmal erklären, was in einer Therapie geschieht.

Ich versuche zu entwerfen, dass sie in ihrem Leben möglicherweise gelernt habe, dass sie nicht viel wert sei und sie dies womöglich heute noch stark bestimme. Dass Kinder Zuwendung und Lächeln und Stolz brauchen, um sich wichtig und gut zu fühlen und dass vielleicht vor allem sie selber immer glaube, dass sie wenig wert sei. Und dass sich auf diese Weise nichts verändern könne.

Und dass sie sich so schuldig fühlt und glaubt, kein Recht zu haben zu leben, weil sie jemandem das Leben genommen hat, dass dies doch vielleicht auch zu dem passt, was sie vorher erlebt hat? Ob sie schon vorher glaubte, keine Rechte zu haben? Natürlich ist es eine sehr schlimme Sache, keine Frage, aber es gibt auch hier noch Unterschiede. In Deutschland gibt es keine Todesstrafe.

Ich erzähle von Lew Kopelew[7], der als junger Mann überzeugter Kommunist war und der Parteipropaganda glaubte, dass es für die Erschaffung einer besseren Welt notwendig sei, den dummen und egoistischen Bauern ihre Lebensmittel mit Gewalt wegzunehmen. Tausende Menschen verhungerten wegen dieser Maßnahmen. So und über Denunziationen brachte er Menschen den Tod. Jahrzehntelang drängte er Scham und Schuldgefühle beiseite. Erst viele Jahre später traute er sich, diese Scham auszuhalten und sich zu fragen: „Wieso habe ich das getan?" Und erst über diese Auseinandersetzung fand er die Kraft, sich dafür einzusetzen, dass so etwas nicht noch einmal geschehen soll und wurde so zu einem international anerkannten Menschenrechtler.

Wenn sie sich nicht annehmen kann, wie sie ist, wenn sie nicht da sein darf, muss sie immer weglaufen, vor sich selbst weglaufen. So kann sich nichts verbessern. Wenn sie nur leben dürfte, wenn sie diese Tat nicht begangen hätte, könnte sie nie ganz da sein.

Frau S. kann sich nicht entschließen, mit der Therapie zu beginnen. Aber sie kann sich auch nicht entschließen es zu lassen. Wir beschließen, dass sie in einem Monat kommt, und vereinbaren einen Termin.

Die Therapeutin - Psychologiestudium

In den ersten Stunden ist es mehr ein Ahnen, was die Frau erlebt und was sie geprägt hat. Ich weiß ja noch nicht viel von ihr, außer diesen Hammerdaten. Auch weiß ich nicht, was stimmt und was stimmt nicht. Manchmal wird etwas in der Erinnerung verändert, weil man sich dann besser fühlt. Gerade nach solch einer extremen Geschichte kann durch Drogen oder Alkohol oder auch durch den großen inneren Druck etwas verfälscht worden sein. Ich vertraue meinem Gefühl, kann nur meinem Gefühl vertrauen und sie ernst nehmen, selbst wenn sie lügt, bewusst oder unbewusst. Alles Weitere muss sich später klären. Ich kann ihr nur Kredit geben, sonst werden wir nicht viele Chancen haben. Wie soll sie mir vertrauen, wenn sie sich erst mal beweisen muss? Ich weiß, dass es die Gefahr gibt, sie dadurch zu beeinflussen. Im engeren Sinn ist das keine Therapie im Sinne eines geplanten Vorgehens - im Weiteren schon - als Konfrontation mit einer anderen, positiven Sichtweise ihrer selbst. Ich tue es zuallererst, weil ich davon überzeugt bin.

Was soll ich mit einer Therapie, die den anderen nicht erreicht? Alles andere wäre sinnlos. Wie soll sich jemand verändern, wenn er nicht angenommen wird?

Was tue ich also als Therapeutin? Was habe ich gelernt?

Ein Psychologiestudium ist keine Psychotherapieausbildung, sondern will zunächst umfassend psychologische Grundlagen und einen Einblick in mögliche Fachgebiete vermitteln. Im Vergleich zu vielen anderen Universitäten Deutschlands, die eher naturwissenschaftlich und verhaltenstherapeutisch orientiert waren, fand sich an unserer Uni ein charismatischer Professor, der im Kontakt mit Anna Freud stand und eine eigene moderne, psychologische Theorie vom Erleben und Verhalten entwickeln und dabei allgemeingültige Gesetzmäßigkeiten benennen wollte. Einer seiner ersten Sätze war: „Vergessen Sie alles, was sie bisher über Psychologie gehört haben: Begriffe wie Denken, Fühlen und Wahrnehmen sind Teil einer mechanistischen Teilchenpsychologie!"

Ja, einerseits traf es etwas und überzeugte: Mein Erleben ist auch ungeteilt. Die gängigen Begriffe befriedigten mein Interesse nicht. Andererseits konnte ich nicht folgen. Wie soll das gehen? Wenn doch immer das Erlebte durch die eigene Sichtweise bestimmt wird, wie soll denn nun eine ganz neue, freie, wahre Erkenntnis möglich sein?

Insgesamt habe ich etwas gelernt über die Faszination

der Psychologie, die Frage nach einer inneren Struktur, einer psychischen Logik, aber auch allgemein über die Lust an Neuem, die Bereitschaft, quer zum Bestehenden zu denken, sich nicht vom Offensichtlichen leiten zu lassen, sondern sich auf Ungewohntes einzulassen, um so mehr erfassen zu können. Bei seinen Anhängern offensichtlich war das Bedürfnis etwas Besonders zu sein.

Einzelne Fallberichte, Literatur, einige Seminare fand ich interessant, das Studium im Ganzen wenig befriedigend. Vielleicht war ich zu kritisch und anspruchsvoll. Im Nachhinein habe ich immerhin einen guten Überblick über viele verschiedene Ansätze und Haltungen gewonnen. Ein guter Schutz davor, eine Denkrichtung allzu leichtgläubig zu idealisieren.

Ich suchte weiter: Soziologie und Entwicklungspsychologie schienen mir in vielem zu schematisch, für jede These ein Experiment, hilft das? - Fallbeispiele aus Rogers' Gesprächstherapie zu platt, die Antipsychiatrie um Ronald D. Laing mit teilweise sehr aufwändigen Einzelbehandlungen von Menschen mit Psychosen[8] spannend, aber auch sehr gewagt, Freud kompliziert und widersprüchlich und Lacan - ein französischer unorthodoxer Psychoanalytiker – sehr philosophisch. Nicht, dass alles nicht taugte. Ich war immer wieder gefesselt und fand berührende Zusammenhänge. Aber immer wieder hatte ich das Gefühl, irgendetwas fehlt, so ganz stimmt es nicht. (Oder hatte ich es nur nicht richtig verstanden?)

Ein neuer Professor bot ein Gesprächspsychotherapieseminar an der Uni an. Echte Therapie! Hin- und hergerissen nahm ich teil. Ja, ich wollte etwas erleben, aber konnte das denn funktionieren? Im Kreis von Mitstudenten, denen ich am nächsten Tag wieder begegnen würde, geleitet von einem Professor, der uns später benoten würde? Wie soll sich da jemand öffnen? Meine Hoffnung, dass Psychotherapie prägnant, beeindruckend, relevant sein sollte, eine sichtbare Wirkung haben sollte, scheiterte im Ansatz an der menschlichen Unvollkommenheit des Professors. Dies trug dem armen Professor meinen gesamten Unmut ein, in der Hoffnung, dass er sich dadurch doch noch, wie Phönix aus der Asche, zum Fliegen entschließen würde. Die markanteste Konsequenz war, dass mir Jahre später ein Mitarbeiter des Professors davon abriet, meine Diplomarbeit gerade an seinem Lehrstuhl zu schreiben, da es wohl einmal einen Konflikt gegeben habe. Für so bedeutend hatte ich mich nicht gehalten.

Ich suchte weiter bei den Medizinern und in der Psychiatrie nach Antworten und war überrascht. Wir besuchten die geschlossene Station oder es wurden Patientinnen und Patienten dem Auditorium vorgestellt – wie bei Freud fast ausschließlich Patientinnen. Ließ sich dies mit der Würde der Patientinnen und Patienten vereinbaren? Welche Wirkung hatte diese Form der Aufmerksamkeit auf sie? Entstehen oder verstärken sich so bestimmte Rollen? Ich wollte es genauer wissen und nahm eine pflegerische Aushilfsstelle in der Psychiatrie auf der geschlossenen Frauenwachstation an.

Frau S. - Die Männer

Ich hab meine Mutter geliebt, hab sie immer sehr vermisst. Die anderen Geschwister lehnen meine Mutter eher ab. Vielleicht weil sie sich nicht gekümmert hat oder weil sie das mit der Gudrun getan hat. Das war schlimm. Es war öfter, hm ... dass die Gudrun ganzen Tag lang, nur mit einem Stück trockenen Brot, am Ofen, in der dunklen Ecke stehen musste. Und keiner durfte ihr was geben. Die tat mir leid. Meine Mutter muss sie gehasst haben.

Ich stand zwischen meinen Eltern. Bin immer mit meiner Mutter zur Telefonzelle gelaufen, wenn sie die Polizei gerufen hat. Und wenn die Polizei kam, da stand ich oft zwischen den Eltern und vor dem Polizisten. Einmal, da hat mir ein Polizist die Hand auf den Kopf gelegt. Das war ein Gefühl, ich kann ich mich noch ganz genau dran erinnern. Der war sehr nett. Ich mag Polizisten. Uns hat ja sonst keiner berührt.

Wenn mein Vater in der Fabrik war, kamen oft Männer über den Balkon rein. Am meisten kam der Mattner. Der leibliche Vater von mir und der Monika. Wir hatten Angst. Die kamen zu unserer Mutter und mussten durch unser Zimmer. Wir Kinder hatten zwei Betten, wir waren zu dritt in einem Bett. Als Kind versteht man das ja nicht, die Geräusche. ... Und auch wenn die danach zu uns kamen. Ich hab dann immer ein Mickey Mouse Heft gelesen, was ich mal hatte. Ich konnte ja noch gar nicht lesen, ich hab da rein geguckt, weil ich dachte, dann bin ich gar nicht richtig da. Es kamen ja auch andere Männer. Der Neffe von dem Mattner, ein Onkel und andere.

Als ich sieben Jahre alt war, hat der Vater, der leibliche, vor Gericht geklagt, dass wir ihn besuchen sollten. Wir sind dann immer am Wochenende zu ihm. Mussten hin. ... Zuerst haben wir uns gefreut. Das ist mir, ... da schäme ich mich so. Er hat uns was geschenkt, Schokolade und so. Aber dann war es immer dasselbe. Wir mussten beide ... diese Sachen machen. Wir haben nie darüber gesprochen.

Und oft ist er mit mir in den Wald gegangen. Immer wenn er gesagt hat: Ich geh mal mit der Susanne spazieren, ist es im Wald geendet. Und ein Onkel oder so, der tat so, als ob er mit mir spielen wollte, hat mich so hochgehoben und dann ... angefasst, dass es keiner sah.

Mein Stiefvater auch. Es war so, ... er war so kalt.

Ein Jahr bevor meine Mutter starb, hat mich ein Laster angefahren. Ich weiß noch, ich bin hinter ihm hergelaufen und er hatte mich beim Zurückfahren nicht gesehen. Es tat furchtbar weh, mein Knie blutete schlimm. Aber eigentlich war es schön. Er ist mit mir nach Hause gefahren und hat meine Mutter geholt. Dann sind wir zum Krankenhaus gefahren und ich saß bei meiner Mutter auf dem Schoß. Da habe ich nicht mehr geschrien. Es war glaube ich, das Schönste was ich erlebt hab, dass ich bei ihr auf dem Schoß saß. Sie wollten mir das Bein amputieren, aber meine Mutter hat es nicht zugelassen. ... Das hat sie für mich getan.

Aber im Krankenhaus hat sie mich nicht besucht. Sechs Wochen lang. Keiner hat mich besucht. Damals gab's keine Kinderstation. Ich war mit zwei alten Damen auf einem Zimmer, die haben immer an mir rumgenörgelt. Das Knie tut heute noch weh.

Die Therapie - Selbstbild

In den folgenden Stunden gelingt es ihr besser, von ihrer Vergangenheit und ihren Gedanken zu erzählen, und ich komme immer wieder auf ihre Haltung zu sich selbst zurück. Erkläre immer wieder und von allen Seiten, dass ein Schuldkonzept nicht funktionieren kann, wenn man sich entwickeln will. Dass für alle Menschen Geborgenheit, Angenommensein und Unterstützung notwendig ist, um sich zu entwickeln, um eine Stärke zu entwickeln, die es ermöglicht, Fehler zuzugeben, sich zu wehren, sich so gut zu fühlen, dass man etwas aushalten kann. Wie oft hat sie Wärme und liebevolle Unterstützung erlebt? Ja, es ist sicher eine sehr schlimme Tat, aber bedeutet das, dass sie deswegen auch nicht leben darf? Kann sie sehen, dass sie anders denkt als der deutsche Staat? Was könnte der Staat sich dabei gedacht haben?

Man könnte auch sagen, dass sie gravierende Mängel in der Entwicklung hatte und damit heute klarkommen muss, aber vielleicht auch gerade deswegen sich selbst darin unterstützen darf, nachzulernen.

Frau S. hat große Schwierigkeiten. Sie findet, dass sie etwas sehr Schlimmes getan hat und nicht verdient hat zu leben. Das kann sie einerseits kaum aussprechen. Andererseits redet sie drüber hinweg. Wenn sie im Fernsehen jemand sieht, der so etwas getan hat, findet sie auch, dass er die Todesstrafe verdient hat.

Kopelew kam zu einem anderen Ergebnis.

Und genau dieser Punkt ist wichtig. Es ist wichtig zu spüren, dass man selber tätig wird, Hand an sich legt. Psychisch. Und das körperlich-seelisch zu spüren.

Frau S. kann es nicht glauben, wenn jemand zu ihr freundlich ist, so wie ich und Schwester Karin[9] und Frau Roth. Das kann nicht stimmen. Es kann nicht sein, dass jemand sie mag, wenn sie so etwas getan hat. Wer so etwas Schlimmes tut, hat Schlimmes verdient.

„Merken Sie, dass es für Sie leichter ist, sich zu verurteilen, schlecht über „solche Menschen" und damit eben auch über sich selbst zu denken? Das ist für Sie leichter, als sich damit zu beschäftigen, ob es stimmen könnte, dass jemand sie mag? Kann das sein? Es ist vertraut, fast wohlig vertraut, schlecht über sich zu denken und dann spüren Sie nicht mehr so viel. Aber vielleicht halten Sie es ja auch nur deswegen nicht für möglich, weil sie es so nicht kennengelernt haben, über lange Jahre und als erstes im Leben."

Ich merke, ich kann wenig tun. Mein Bedürfnis, mit Nachdruck zu sagen: „Schauen Sie doch hin" und ihren Blick in die „richtige Richtung" zu lenken, kann ich direkt einpacken. Ich würde sie ja nur bedrängen.

Sie kann es jedenfalls nicht glauben.

Findet sie die Frage denn interessant? Und kann hierbleiben? Darf die Frage offen sein, ob an ihr nichts Liebenswertes ist? Oder ob nur sie selbst es nicht für möglich hält?

Ja, das schon. Es ist interessant. Aber auch hoch beunruhigend.

Und Frau S. schneidet sich weiter fast täglich tief und muss mehrmals in der Woche zum Arzt und die Verletzungen behandeln lassen[10].

Die Therapeutin - Suche, Würde und Krokodile

Die Stunden fühlen sich an, als ob ich mit einem Floß auf hoher See unterwegs bin, ohne Segel und umgeben von Krokodilen. Und diese Krokodile zerfleischen Frau S. und ich kann nichts dagegen tun. Oder wie in einem Thriller oder Albtraum, wo mächtige Wächter immer wieder mit geschärften Messern durch Frau S. hindurch schneiden, sie spürt den Schmerz, aber es ist nichts sichtbar. Und irgendwie löse ich das Ganze aus oder kann es nicht bremsen.

Gleichzeitig lebt Hoffnung auf. Sie greift nach meiner Hand, oder besser nach dem Seil, das ich auswerfe, die Hand wäre ihr zu nah. Die eine Hand greift danach, die andere fürchtet sich, verbrannt zu werden.

Ich bemühe mich sehr, die nicht vorhandene Ich-Grenze von Frau S. einzuhalten. Besser gesagt: ich bemühe mich, die Möglichkeit einer Ich-Grenze oder Würde aufzuzeigen. So lange, bis sie sich traut, diese auszuprobieren.

Nun hat Frau S. eine außergewöhnlich schwere Geschichte. Aber in vielen „normal-neurotischen" Therapien verläuft es ähnlich. Menschen, die Zwänge haben, wirken häufig freundlich und gewissenhaft. Manchmal können sie jedoch urplötzlich streng und brutal und scheinbar kraftvoll nach außen auftreten, oder aber nur ihre Partner oder Kinder erleben immer wieder eine besondere Härte oder vernichtende Ablehnung. Oft entspricht das Ausmaß dieses Kraftaufwandes in etwa der Wegeslänge, die diese Menschen bereit sind, sich selber in Frage zu stellen, sich selber in die Tonne zu treten. So hatte ein Klient, der als Kind immer wieder heftige Streitigkeiten seiner Eltern mit Gewalt und Demütigung seiner Mutter mit ansehen musste und der auch selber von seinem Vater wegen seiner „Unfähigkeit" beim Sport gedemütigt wurde, kein Gespür für seine Not, sondern nur für sein Leid an der „Dummheit und Ungezogenheit" der Anderen. Ein immer wiederkehrender Traum, in dem er auf ein kleines zartes Kätzchen, das stets neben ihm her läuft, einschlagen muss, ob er will oder nicht, war als Beispiel für seinen Automatismus gegenüber eigenen Bedürfnissen nach Einfühlsamkeit und Verständnis sehr hilfreich.

Oder eine junge Frau, die anlässlich des frühen Todes ihrer Mutter statt Trost und Halt nur den Frust und die Wut ihres Vaters erfuhr, den die Mutter kurz zuvor verlassen hatte und zu dem sie nun zurückmusste. Sie forderte mich in der Therapie immer wieder heftig auf, sie mit „diesem Trostscheiß" in Ruhe zu lassen. Vertraut waren ihr Wut und Kritik, den Gedanken an Trost empfand sie eher als zutiefst beunruhigend.

Menschen mit Depression können ebenfalls, von ihnen selbst nicht bemerkt, sich und andere niederschmetternd bewerten, obwohl sie sich selber doch nur als vollkommen hilflos und verzweifelt erleben. Sie glauben, sich nicht wehren zu können und können dies in der Tat nicht. Denn sie spüren gar nicht, was genau sie in dieser begrenzten Welt selber wollen, noch scheint es aushaltbar, vor jemand anderem mit eigenen Wünschen sichtbar zu werden oder gar dafür zu kämpfen. Und dennoch kann ein „tonnenschweres" Urteil von einem Depressiven leicht „seelisch tödlich" auf einem einfühlsamen Gegenüber landen.

So gibt es diese Aufgabe, für den Anderen seine Grenze, seine Ängste, Wünsche und Bedürfnisse, sein Verdrängtes wahrzunehmen, in jeder Therapie. Aber woher weiß ich genau, was das ist?

Frau S. - Im Heim

Nachdem meine Mutter gestorben war, kamen wir ins Heim. Wir Geschwister wurden auf verschiedene Heime in ganz Berlin verteilt, nur zwei Geschwister in meinem Heim, aber nicht in derselben Gruppe. Wir durften nicht miteinander sprechen. Da waren Nonnen, die waren kalt und herzlos. Sie haben immer nur bestraft und geschimpft. Sie haben zu den anderen Kindern gesagt: „Lauft weg, da kommen die Peters-Kinder[11]." Wohl wegen dem Missbrauch und alle dem.

Das kam da alles raus. Ich glaube, die Barbara oder Monika haben es erzählt. Barbara hat ja viel mitbekommen, sie war schon größer. Es gab eine Gerichtsverhandlung und wir mussten aussagen, so mit ner Puppe. Der Herr Peters wurde wegen schwerer Kuppelei auf Bewährung verurteilt. Das habe ich damals überhaupt nicht verstanden. Das weiß ich erst seit ein paar Jahren. Das heißt ja wohl, dass er meine Mutter, wie en Zuhälter, dass die ganzen Männer ... Wenn ich mir das klar mache, bekomme ich so eine Wut, so nen Hass.

Er bekam wohl Bewährung. Und mein Vater durfte uns nur in Begleitung besuchen. Aber er kam selten. Ich hatte nie Besuch.

Am Wochenende kamen oft Leute, die Kinder mit nach Hause genommen haben. Ich habe mir immer gewünscht, dass mich jemand mitnimmt, aber das ist nie passiert.

Ich durfte keine Freunde aus der Schule mitbringen und im Heim die Kinder haben nicht mit mir geredet. Weil die Nonnen das gesagt haben. Man hat sich ja gefühlt, als ob man ansteckend wäre. Die Nonnen waren herzlos und scheinheilig.

Ganz schlimm war, als ich mal, ... mit 13, da haben wir Mädchen ... angefangen uns zu interessieren, was man so macht, ne? Was haben die da für ein Theater gemacht, als sie uns entdeckt haben. So richtig gedemütigt. Und wieder gesagt, vor den Peters-Kindern muss man euch beschützen. So, als ob man selber, ... ganz schlimm war das.

Ich musste auf der Babystation Dienst tun. Aber man durfte ja nicht hin zu den Kindern, wenn die weinten. Nur Windeln wechseln.

Weihnachten, da haben sie gefragt, was wünschst du dir. Ja, da habe ich mich gefreut, - ich habe mir einmal einen Puppenwagen gewünscht - und den hab ich auch bekommen, am Weihnachtsabend und durfte ein paar Stunden damit spielen. Und dann musste man das ganze Spielzeug in eine große Kiste tun und es gehörte allen. Es war am nächsten Tag schon kaputt.

Ich habe mir immer so sehr eine heile Familie gewünscht. Wie meine Schwester: Sie hat einen guten Mann, die Kinder sind alle zur Schule gegangen und haben etwas gelernt. Sie arbeitet, sie schafft das, und den Kindern geht es gut.

Da war mal die, wie heißt sie, die später Terroristin war, Ulrike Meinhof. Sie hat mit den Kindern gesprochen. ... Die war nett. Ich hab nur mal kurz mit ihr gesprochen. Aber sie war nett.

Ich war fünfeinhalb Jahre in dem Heim. Mit 15 musste

man woanders hin. Barbara und Monika sind in eine Pflegefamilie.

Die Therapie - Die Fassade bröckelt

Am Ende einer Stunde kann sie kaum gehen. Sie wird weicher, schwankt und kann nach einigen Anläufen sagen, dass es schwer ist, von hier wegzugehen. Ihre Mutter ist einfach gegangen und nie wieder gekommen. Ich sage, dass es bei ihrer Mutter so war, aber dass es hier anders sein kann. Dass sie hier vielleicht etwas Angenehmes erlebt und befürchtet, dass es doch wieder so kommt wie sie es kennt. Aber dass es vielleicht anders sein kann und ich da bleibe. Ob sie sich das vorstellen kann?

Sie kann sich etwas öffnen.

Aber es ist nicht nur gut, sondern auch sehr schwer. Weil so vieles hoch kommt.

Sie hat Suizidgedanken.

Was können wir tun? Kann sie das Schwere auf die Stunden begrenzen? Sich in diesen Räumen damit befassen?

Der Gedanke ist ganz abwegig. Dass sie etwas begrenzen kann.

Möchte sie etwas mitnehmen? Sie würde gerne meine Stimme hören. Eine Kassette bespielen? Sie sagt ja, aber ich glaube, meine Stimme in ihrer Wohnung wäre ihr zu viel, zu nah, zu wenig kontrollierbar.

Kann sie sehen, dass es früher schlimmer war? Dass es heute mehr Würde in ihrem Leben gibt? ...

Sie nimmt ein kleines Stofftier, einen kleines Äffchen mit. Leihweise.

Ich bin skeptisch, ob es hilft. Aber wenn sie weiter will, muss sie irgendwie da durch. Ich kann nur in den Stunden so klar wie möglich sein. Ich finde bei ihr keinen Anpack, um Grenzen einzuhalten. Sie spürt es nicht und somit ist auch nach außen nichts sichtbar. Ihre Geschichte drängt nach vorne, ihr Bedürfnis, mit ihrer Geschichte angenommen zu werden, ist groß und in der Folge wird sie immer wieder in den alten Strudel gezogen, kann dem nichts entgegen setzen.

Immer wieder findet sie Beispiele dafür, dass sie schlecht ist. „Ich habe meiner jüngeren Schwester nicht geholfen. Die musste oft den ganzen Tag mit einem harten, trockenen Brotkanten hinter der Tür stehen." Sie dreht sich zur Seite. „Und ich habe ihr nicht geholfen."

Was wäre denn passiert, wenn Sie es getan hätten?

„Meine Mutter hätte es nicht zugelassen."

Sehen Sie?

„Aber trotzdem."

Die aufkeimende Hoffnung zeigt sich auch in der Erinnerung an eine Freundin: „Ich hatte einmal eine gute Freundin, fast zehn Jahre. Sie war die einzige gute Freundin, die ich je hatte. Sie war auch psychisch krank, aber sie war sehr lieb. Ich konnte immer kommen."

Aber auch hier Angst vor nicht aushaltbarem Schmerz: „Vor drei Jahren hat sie ... Selbstmord gemacht. Das war sehr schlimm für mich. Sie hat gesagt, dass sie Angst hätte verlassen zu werden. Ich habe alles nicht richtig ernst genommen."

Die Therapeutin - Rund ums Studium

In modernen Traumatherapien soll im Rahmen einer Stabilisierung des Patienten mit dem Patienten ein sicherer Ort in der Phantasie aufgebaut oder gefunden werden. Eigentlich ein gutes Ziel, aber ich kann das gar nicht. Ich erlebe es nicht so. Mir scheint, eine bewusste Suche nach einem Ort, wo es einem besser geht, erfordert eine gewisse Kraft und eine Idee davon, dass es sich lohnt sich zu schützen, die bei vielen Menschen so noch gar nicht vorhanden ist. Ich kann nur zuerst versuchen, Kontakt aufzunehmen, einen inneren Raum zu entwerfen für den anderen und mich in die Bresche werfen für den Kampf um die Wahrnehmung der Differenz zwischen frei, geschätzt und anerkannt oder gezwungen, resigniert, verachtenswert, ...

Mir scheint es wichtig, zuerst deutlich zu machen, worum es geht: um Würde und Selbstbestimmtheit. Ich bin kritisierbar. Die Klientin oder der Klient[12] ist der Maßstab. Sie oder er ist der Schatz. Was spürt sie? Was ist für sie besser, was ist schlechter? Weiß sie, was sie will und was sie tun kann? Können wir das als Ziel definieren?

Gebe ich vor, was hilfreich ist und was nicht, beschneide ich mir die Möglichkeit, diese Selbstbestimmung deutlich zu machen. Eines weiß ich: Ich habe keinen großen Sack voll Möglichkeiten und weiß auch nicht, wo es langgeht. Ich weiß eher, dass eine ganze Menge schwer auszuhalten ist und sehe zunehmend deutlicher, wo jemand bei sich selber etwas nicht wahrhaben will. Da bin ich mir sicher.

Wie bin ich dahin gekommen? Vieles habe ich parallel zum Studium gelernt.

In meiner Aushilfsstelle auf der geschlossenen Frauenwachstation beeindruckte mich die Hierarchie der Ärzte, die Vertrautheit, die fast familiäre Nähe langjähriger Patienten mit ebenso langgedienten Pflegern oder Schwestern, die sehr wechselvollen Lebensläufe: Die Frau eines Managers, die in regelmäßigen Abständen „psychisch krank" wurde, psychotische Episoden erleben musste, aber sonst sehr gut in ihrer Familie lebte, neben einer Frau, die früher ebenfalls aus „gutem Hause" kam, heute jedoch eine lebhafte, schillernde Patientin auf der Station war und sichtbar beeinträchtigt, jedoch auch immer wieder glücklich mit ihrer ebenfalls psychisch kranken Freundin zusammenlebte. Die Sicherheit, mit der Ärzte und Pfleger mit ihren Patientinnen umgingen, wenn sie „produktiv psychotisch" - also mitten im Wahn waren, total verstummt, aggressiv oder in dauerndem Redefluss. Wenn sie nach verborgenen Symptomen fragten, etwa Stimmen hören: „Wer spricht denn da gerade mit Ihnen?" oder die Patienten mit Tricks und Überzeugungskunst zur Hygiene drängten.

Es gab Diskussionen, ob nicht vielleicht doch bei einigen Patientinnen ein sexueller Missbrauch stattgefunden habe oder ob dies eher ein Zeichen der Psychose sei, da es während der Psychose fast immer um die Befürchtung, dass einem etwas angetan wird, also um Verfolgung, Vergiftung und eben häufig auch um sexuellen Missbrauch geht und diese Inhalte bei sehr vielen Patientinnen bald darauf nicht mehr wichtig sind.

Und es gab sogenannte „persönlichkeitsgestörte" Frauen, die regelmäßig jeden Abend anfingen, Stühle zu werfen, bis wir Verstärkung von der Männer-Station riefen, um sie mit den bereits an ihrem Bett angebrachten Gurten an Bauch, Beinen und Armen zu fesseln. Beim ersten Mal bedrückte es mich tief, aber der Vorgang schien hier für alle Beteiligten dazu zu gehören, ein Ritual zu sein, auf eine verschrobene Weise sogar für die Frauen. Richtig schlimm war es, wenn jemand „fixiert" werden musste, der sich verfolgt fühlte, der litt und nicht beruhigt werden konnte, aber so im Stationsablauf nicht „handhabbar" war, schon gar nicht im Nachtdienst mit niedriger Besetzung. Dann litten alle.

Zu sagen, hier werden Kranke mit den entsprechenden Mitteln behandelt, schien mir vollkommen falsch. Eher lebte hier ein Kosmos, ineinander verwoben. Jeder suchte nach Sicherheit und Orientierung und fand sie woanders.

Meine Diplomarbeit[13] schrieb ich über das Menschenbild, mit dem Fachärzte für Psychiatrie ihren Patienten begegneten. Sehr knapp könnte man sagen: „Wenn Du krank bist, kann ich Dir helfen". Bei einer schweren psychischen Erkrankung, zum Beispiel einer Psychose,[14] kann der Kampf aufgenommen werden mit der

Krankheit, dem so deutlich Fremden, durch die Verordnung von Medikamenten oder der Betonung von Struktur und Ordnung. Menschen mit neurotischen Erkrankungen[15] wurden eher als irritierend nah, als unscharf und bedrängend erlebt. Zwar wurde das medizinische Krankheitsbild immer wieder auch als begrenzt erlebt, aber es orientierte, schützte und stützte in seiner scheinbaren Klarheit.

Während eines Praktikums besuchte ich regelmäßig die psychiatrische Langzeitstation D15 in einer großen Berliner Psychiatrie-Klinik. Nahe des Eingangs hatte eine Frau ihren Stammplatz, auffällig ihre dichten dunklen Locken. Sie wurde von einigen Pflegern als Maskottchen bezeichnet, weil sie schon sehr lange auf der Station war und immer wieder kam. Einmal munkelte ein Pfleger, dass sie wohl ihren Vater umgebracht hätte ...

In meiner Zwischenprüfung wurde ich im Fach Psychiatrie von Professor Z. geprüft, der den Ruf hatte, körperliche Nähe zu den Prüfungskandidatinnen zu bevorzugen. Viele Jahre später sollte ich Frau S.'s Erfahrungen mit einem Psychiatrie-Professor einer Uni-Klinik aus meiner Perspektive bereichern können.

So klein ist die Welt.

Frau S. - Die Tat

Mit 15 musste man eine Ausbildung machen, jedenfalls konnte man nicht mehr im Heim bleiben. So bin ich wieder bei meinem Vater gelandet. Das haben sie einfach entschieden. Sie haben mich noch gefragt, zu welchem Vater ich wollte. Aber was sollte ich bei dem anderen. Ich kannte ja den Stiefvater besser. Ich musste für ihn kochen und den Haushalt machen und ich sollte eine Lehre als Verkäuferin machen. Da wurde ich nicht gefragt. Ich wäre gerne Kindergärtnerin geworden oder Kinderkrankenschwester oder etwas mit Tieren. Aber Verkäuferin und rechnen, und überhaupt mit den Leuten, das konnte ich damals alles nicht. Ja, da war es eigentlich das erste Mal, als ich mich versehentlich verletzt hatte, und dann durfte ich zu Hause bleiben. Das war schön. Das habe ich dann öfter gemacht, bis ich gar nicht mehr gegangen bin.

Es gab viel Streit mit meinem Vater. Er hatte angefangen zu trinken. Das hat er wohl erst getan, nachdem meine Mutter gestorben war. Komisch, früher hatte er doch immer mit ihr gestritten. Abends kam er nach der Kneipe oft betrunken nach Hause und brachte andere Männer mit. Die wollten mich anfassen und vergewaltigen. Aber ich habe mich immer schnell angezogen und bin weggelaufen. Bin lange durch die Gegend gelaufen.

Ich bin dann auch, hatte ältere Freunde ... Mein Vater hat gesagt: „Wenn Du ein Kind heim bringst, schlag ich es Dir aus'm Bauch. Und er hatte doch meine Mutter ... auch geschlagen, als sie schwanger war ...

Ich bin auch selber schuld. Wieso bin ich zu meinem Vater gegangen und habe es nicht gemacht wie meine Schwestern. Die sind in eine Pflegefamilie gegangen.

In der Zeitung stand dann was von Rattengift und dass jemand damit ermordet wurde. Ich habe es einfach nachgemacht. Das Gift haben die mir einfach verkauft, obwohl ich noch nicht volljährig war. Das war gar nicht erlaubt. Sie kannten mich ja. Ich hatte ja öfter für meinen Vater etwas geholt aus der Apotheke.

Ich war gemein, ich habe es ja geplant. Ich bin dann weggelaufen, weit weg gelaufen. Am nächsten Abend bin ich zurück nach Hause. Ich habe vom Balkon aus durchs Fenster geguckt. Da lebte er noch. Dann bin ich wieder weg gelaufen. Das hab ich eigentlich gar nicht gewollt. Als ich am nächsten Tag zurück kam, war da die Polizei. Ich hatte gehofft, er schläft nur und alles ist gut. Es sah schlimm aus.

Der Richter wollte, dass ich mir die Bilder ansehe. Der Staatsanwalt hatte Fotos von meinem Vater und der Richter sagte: Sie soll sich ruhig ansehen, was sie gemacht hat. Das konnte ich nicht.

Die Therapie - Zweiter Anfang, Schuldgefühle wegen Tod der Katze

Es kommt eine Zeit, in der immer wieder Stunden ausfallen. Frau S. geht wieder in die Klinik, teilweise sagt ihre Betreuerin ab, teilweise sie selbst. Ihre Katze ist plötzlich gestorben. Zu einem dann vereinbarten Termin kommt sie nicht und ist nicht erreichbar. Ihre Betreuerin sagt, dass sie nicht mehr kommen möchte, mir die Gründe aber noch sagen wolle.

Ich kann mir nicht vorstellen, dass sie mir direkt sagen kann, wenn ihr etwas nicht gefällt, dass sie zu mir „Nein" sagen kann. Nachdem sie sich weiterhin nicht meldet, schreibe ich ihr und versuche meine Sicht der Dinge zu verdeutlichen: Ich erinnere ihre Aussage, dass sie zur Therapie kommen wollte. Nun habe sie sich nicht gemeldet und ich habe sie nicht erreichen können. Frau Roth habe mir gesagt, dass sie nicht mehr kommen wolle. Ich biete ihr meine Vermutung an: Möglicherweise besprechen wir in den Stunden „zu viel von früher" und achten zu wenig darauf, dass es für sie verdaulich, verarbeitbar bleibt und deswegen wolle sie lieber nicht kommen. Dieser oder jeder andere Grund wäre völlig in Ordnung. Schön wäre es, wenn es ihr damit auch gut ginge. Ich würde mich freuen zu wissen, wie es ihr geht. Bald darauf rief Frau S. an und wollte gerne einen Termin vereinbaren.

In den folgenden Stunden lag der Schwerpunkt stärker auf dem Hier und Heute, sowohl bei ihren Problemen aus ihrem Alltag, zum Beispiel einem Nachbarn, der häufig klingelte, lange blieb und ihr von seinen Problemen erzählte, die sie nicht hören wollte, als auch bei der Möglichkeit, sich in der Stunde zu wehren, zu sagen: „Stopp, darüber möchte ich jetzt nicht weiter sprechen."

Frau S. erzählte nun nicht mehr aus ihrer Vergangenheit, sondern zum Beispiel von dem Tod ihrer Katze, an dem sie sich sehr schuldig fühlte, da sie das Fenster offen gelassen hatte und die Katze so aus dem dritten Stock gefallen sei. Die bekannten Informationen über die Kindheit, die Tat und die Beobachtung, dass sie immer wieder heftig unter Schuldgefühlen litt, dienten nur als Bezugspunkt für die windschiefe Haltung sich selbst gegenüber: Im Zweifel gegen die Angeklagte und zwar Höchstmaß! Jemand, der eine andere Kindheit gehabt hätte, würde hier vielleicht zuerst einmal Trauer spüren und sich dann fest vornehmen, diesen Fehler nicht noch einmal zu machen.

Frau S. erlebt sehr oft einen immensen inneren Druck. Sie kennt eigentlich nur eine einzige zuverlässige Möglichkeit, sich zu helfen: Sie schneidet sich mehr oder weniger tief ihre Arme mit einem Rasiermesser auf. Dann verspürt sie Entlastung, Wärme und Lebendigkeit. Allerdings nur kurz. Aber auch hier dasselbe Muster: Ich schaffe es nicht aufzuhören. Ich bin nichts wert. - Kann Sie erkennen, dass sie tatsächlich von keiner anderen Möglichkeit weiß, sich gute Gefühle zu verschaffen?

Nachdem Frau S. die Möglichkeit gehabt hat, die Therapie zu beenden oder auf eigenen Wunsch fortzusetzen, konnte sie sich eher mit meinem Angebot auseinandersetzen.

Die Therapeutin - Therapieausbildung

Psychotherapieausbildung ist die Vermittlung von Theorie, die Erfahrung mit der eigenen Psyche und das praktische Üben. Meine erste Ausbildung, die Gestalttherapie[16], hat nichts mit basteln oder gestalten zu tun, sondern beruht auf Erkenntnissen aus der Wahrnehmungsforschung und der Psychoanalyse. Selbst wenn eine Figur nicht vollständig zu erkennen ist, nehmen wir sie bereits als Ganzes wahr. Ebenso will unsere Psyche Einheiten bilden. Wenn ich traurig bin, will ich weinen oder Trost erfahren, bin ich glücklich, eher in die Luft springen und Freudenschreie ausstoßen. Die Aussage „Ich bin glücklich!" und heruntergezogene Mundwinkel passen nicht zusammen. Woher kommen die Mundwinkel? Therapeuten fragen oft: Was spüren Sie? Sie suchen Widersprüche, Fehlendes oder Andeutungen, um im Hier und Jetzt verborgene Erfahrung spürbar zu machen und so einen Zugang zu sich selbst zu ermöglichen.

Während meiner Ausbildung erfuhr ich Unterstützung, mich selber ernst zu nehmen, wahrzunehmen, wie leicht ich mich erschöpfe und dennoch weiter mache. Hilfreich war die Einladung, bei den Wochenendseminaren, beginnend am Freitagabend nach einer arbeitsreichen Woche, mich an die Seite zu legen und auszuruhen, auch wenn das nicht der Etikette entsprach. Es war hilfreich zu verstehen, dass meine persönliche Geschichte mit einer sehr bemühten, sehr engagierten, aber auch wenig für sich selber sorgen könnenden und andere gewähren lassen könnenden Mutter und einem Vater, dem seine Vaterrolle wenig vertraut war, für die Entwicklung zu einer selbstbewussten, selbstsicheren Frau nicht immer das Maximum an Unterstützung bieten konnte. In einem therapeutisch bearbeiteten Konflikt zu hören: „Probier mal zu sagen: Ich sehe das anders" war eine wichtige Erfahrung.

In der Therapieausbildung nicht hilfreich waren Aussagen wie: du manipulierst, du vermeidest, du projizierst, du bist nicht erwachsen. Das schien mir weder mir noch irgendjemandem zu helfen. Wieder gab es vieles, wo ich mich fragte, wieso soll es genau so richtig sein? Und nicht anders? Und wieder kam ich in Konflikt mit der Leitung.

Der Leiter eines innovativen Therapiezentrums, den ich in einem meiner Praktika kennenlernte, war ein guter Therapeut, wach, originell, er hatte Ausstrahlung und eine sichtbare Behinderung. Er schien gekämpft und gewonnen zu haben. Mit Sicherheit hat er sehr vielen Menschen geholfen, oft unkonventionell. Dort habe ich autogenes Training gelernt, was mir bis heute hilft. Und doch hat er in einer Zeit, in der es ihm schlecht ging, Patientinnen geküsst.

Es ist nicht leicht herauszufinden, was ein guter Therapeut ist.

Gegen Ende meines Studiums habe ich eine Therapie gemacht, in der ich nur ganze drei Sätze als hilfreich empfand. Zum Beispiel eine klare Aussage, was die Therapeutin zu einem geplanten Wohnortwechsel denkt: „Ich denke, es tut ihnen nicht gut." Eine nach allen Lehren der Psychotherapie vollkommen untherapeutische Aussage. Und dennoch tat sie mir gut. Ich spürte echtes Interesse, Anteilnahme. Gerade in dieser Klarheit konnte ich im Spiegel ihrer Meinung meine eigene deutlicher spüren.

Sehr hilfreich war eine Freundin, die, nachdem sie mir zugehört hatte, als es mir sehr schlecht ging, sagte: „Wenn du das so siehst, bist du ja ganz allein. Das ist wirklich schlimm." Sie hatte meine Sicht nachvollzogen. Das beruhigte mich zutiefst.

So habe ich auch in anderen Zusammenhängen viel darüber gelernt, was (mir) hilft, nicht nur in der Ausbildung. Den Psychotherapieprofi zu akzeptieren, mir von ihm etwas über mich sagen zu lassen, das konnte ich nicht gut, fand oft Kritikpunkte. Ich hatte immer das Gefühl, ich sollte etwas annehmen, was ich nicht wollte, oder eher, ich sollte zu etwas ja sagen, was so nicht stimmt.

Frau S. - Heim für Schwererziehbare und Gefängnis

Ich kam in die Kinder- und Jugendpsychiatrie. Dort wurde ein Gutachten über mich erstellt. Der Psychiater war eigentlich nett. Ich war zwar gerade 16 geworden, wäre aber, wie sagt man, noch nicht so weit entwickelt. Also sollte ich in ein Heim für Schwererziehbare. Und dann in andere. Ich habe immer rebelliert, bin immer ausgerissen und hab mich immer geritzt. In den Heimen habe ich Geschichten kennengelernt. Und auch gute Freundinnen. Es wurde noch ein zweites Gutachten gemacht. Bei Frau Dr. Müller-Luckmann[17], kennen Sie die? Auch sie befand, dass ich für mein Alter unreif gewesen sei. Ich glaube, sie wussten nicht mehr, was sie mit mir machen sollten. Dann kam der dritte Psychiater, Dr. Z. Nach seinem Gutachten war ich voll strafmündig. Daraufhin wurde ich zu 7 Jahren verurteilt. Die habe ich voll abgesessen. Also fünf Jahre und zwei Monate, die ganze lange Zeit. Das können Sie sich nicht vorstellen. Ich war eigentlich immer nur in der A- oder B- Zelle. Ich habe immer randaliert und die haben mich immer bestraft. Wenn ich mich verletzt habe, ohne Betäubung genäht und in die Beruhigungszelle mit Gummiwänden. Das tut weh. Und wenn ich nicht gefolgt habe, in die Arrestzelle. Da gibt es nichts.

Nur eine Matratze, ein Pot und eine Lampe, die immer brennt. Und ein Spion, durch den der Wärter immer gucken kann.

Ich war eigentlich immer alleine. Heute fragen sich alle, wieso ich so lange nur da sitzen kann. Ich könnte manchmal tagelang nur auf dem Sofa sitzen. Das hab ich vielleicht von da.

Wenn ich mich verletzt habe, - ich hab immer irgendetwas gefunden, zum Beispiel einen Löffel -, haben sie mich ohne Betäubung genäht. Das waren Schmerzen. Das ist was ganz anderes, als sich selber zu verletzen. Sie wollten mich wohl bestrafen. Aber ich habe es immer wieder getan.

Der Dr. Z., der das Gutachten geschrieben hat, hat zu mir gesagt: „So eine wie du, die kommt immer wieder."

Aber ich bin nicht wieder gekommen. Bin nie mit der Polizei in Kontakt gekommen. Nicht mal schwarzgefahren bin ich. Der hat mich geholt, um mich seinen Studenten zu zeigen. Ich wusste das nicht. Er hat mich geholt „So, jetzt machen wir mal einen Ausflug" und dann stand ich plötzlich da und überall die Studenten. Und der sagt da zu mir: „Jetzt erzählen sie mal." Aber dem habe ich einen Strich durch die Rechnung gemacht. Gar nichts habe ich gesagt.

Die Zeit im Gefängnis hat mich sehr geprägt. Es war ja nicht so wie heute. Heute haben die alle ihren eigenen Fernseher auf dem Zimmer und Bücher, private Dinge und und und. Wir hatten nur einen Tisch und einen Stuhl. Ich habe oft randaliert. Und keiner, keiner hat mal gefragt, wie es mir geht, oder sich für mich interessiert.

Es kam ja niemand mich besuchen. Meine Geschwister wollten nichts mit mir zu tun haben. Die Barbara hat mich besucht. Sie war die Einzige.

Ich musste eine Lehre machen, Schneiderin und Stenotypistin. Aber das liegt mir nicht.

Aber damals habe ich auch ... Wir waren drei, so wie ich. Wir haben uns auch damit gebrüstet. Das kann ich nicht verstehen.

Die Therapie - Sich wehren können? Was habe ich verdient?

Sich gegenüber dem Nachbarn nicht wehren zu können blieb die nächsten drei Jahre in der Therapie immer wieder ein Thema. Nach einem guten halben Jahr schrieb sie ihm mit Hilfe ihrer Betreuerin einen kurzen Brief, dass sie ihn nicht mehr in ihrer Wohnung haben wollte. Danach blieb er ein paar Wochen weg, bis er doch wieder kam. Frau S. litt und war wütend, wollte wütend werden, aber die Wut lief nur ins Leere und direkt gegen sich selbst.

Wieder und wieder arbeitete ich mit ihr an einem Verständnis für sich selbst, ohne dass sie nicht losgehen könnte. Wie oft hat sie erlebt, dass ein „Nein" von ihr gehört wird? Wie oft, dass jemand von sich aus fragt: „Was möchtest du?". Ist es nicht sehr verständlich, dass sie sich nicht wehren kann? Aber es heißt auch, dass der Nachbar dann in ihrer Wohnung herumsitzt. Kann sie es sich zugestehen, dass er da sitzt und sie sich nicht wehren kann? Dann könnte sie anfangen es zu lernen. So nimmt sie jeden gescheiterten Versuch zum Anlass, auf sich selbst einzudreschen.

Da gibt es etwas auszuhalten.

Ich spüre ihr nach und bin berührt von dem Ausmaß „sich nicht wehren zu können", ich habe feuchte Augen.

Kann sie sehen, wie ich reagiere? Nein. Auf keinen Fall hinschauen? Muss nicht sein, aber warum eigentlich nicht? Was kann passieren?

Stille.

Dann redet sie weiter.

Aber es ist spürbar, dass sie etwas wahrgenommen hat.

***

Sie hat den Unterarm frisch verbunden. Es gab Streit mit dem Arzt, nachdem ich einmal keinen Termin frei hatte. Sie druckst herum. „Keiner kann mich leiden. … Das war schon immer so. Nur die professionellen Helfer waren mal nett. Aber das ist auch nicht echt. Auch sie kommen immer mit Strafen und Belohnung."

Ein erstes Zeichen eines Wunsches, es für möglich zu halten, dass jemand sie mag? Die Enttäuschung verweist auf die Hoffnung? Mit vielen Fragezeichen? Sollen wir das ernst nehmen? „Wer sagt, dass Sie keiner leiden kann? Kann es sein, dass es eine alte Überzeugung von Ihnen ist? Dass Sie es so erlebt haben? Dass Ihre Eltern Gefühle nicht zeigen konnten und nicht empfinden konnten und Ihr erster Ehemann total überfordert war? Vielleicht haben die Mitarbeiter im psychiatrischen Landeskrankenhaus Sie gemocht, aber waren auch unsicher? Wäre es möglich, diesen Gedanken heute neu zu überprüfen? Sie könnten kritisch bleiben und schauen, was Sie wahrnehmen?" Wenn sie sich darauf einlässt, kommen beide Möglichkeiten in den Blick. Es kann sein, dass sie nicht gemocht wird, das wäre unfassbar schlimm. Verständlich, dass es viel Kraft kostet. Gerade wenn sie es genau so erlebt hat. Aber vielleicht ist es auch anders?

Ich erinnere mich zunehmend deutlicher an eine Patientin mit dunklen Locken und präsenter Ausstrahlung in der Psychiatrie. Ich bin mir nicht sicher, ob es Frau S. war. Aber wenn, dann war ich einmal Teil des ihr bekannten Systems, war auf der Seite der Strafenden. Vertrauen heißt trauen können, ich muss es ihr mitteilen.

***

In der nächsten Stunde berichtet sie, dass sie sich soo sehr wünscht, gemocht zu werden und sich dann aber schneiden muss.

Was ist das? Die Angst vor Neuem? Angst vor Verletzung? Angst davor, dass sich Dinge wiederholen? „Was passiert, wenn mich jemand mag? Muss ich dann tun, was er will?" Zumindest sicher ein großer Komplex an schmerzhaften Erinnerungen. Weiter können wir über den Zusammenhang im Moment nicht sprechen. Die Atmosphäre ist gespannt. Also zunächst einmal betonen, dass hier etwas verständlich ist.

Mir scheint, sie bewegt sich. Sie nähert sich Schritt für

Schritt sich selber und damit gleichzeitig ihrem großen Schmerzkomplex. Jeder Schritt ist schwierig. Ich versuche sie bei jedem Schritt zu begleiten. Ein Gegengewicht zu früheren Erfahrungen: überprüfbar, verlässlich, respektierend, wohlwollend.

Immer wieder besteht sie darauf, dass sie als lebenslängliche Strafe für den Mord lebenslanges Leiden verdient hat. Und ich halte immer wieder dagegen, dass wir in unserer Gesellschaft es anders sehen. Dass ich nicht alleine bin. Lange Haft, okay, es gibt oft keine bessere Lösung. Dabei spielen aber die Umstände eine große Rolle. Lebenslange Haft oder Quälerei, wenn ein junger Mensch einmal eine schlimme Verfehlung begeht, wäre ein dumpfes niedriges Niveau ohne positive Konsequenzen.

Die Therapeutin - Im Blick der Theorien

Was ist das, was ich als Psychotherapeutin tue?

Ich erlebe es immer so, dass ich mich zunächst mit aller Kraft in den anderen einfühle. Alles in mir aufmache, um den anderen zu verstehen, zu ergründen. Oder auch versuche mich zu entspannen, um für den anderen frei und aufnahmefähig zu sein. Der andere ist ein komplexes Universum. Was ist wichtig? Ich versuche, mich mit dem Kind im Anderen zu identifizieren, das mir gegenüberstehende Weltbild zu verstehen. Und gleichzeitig verbunden zu sein mit einer Idee von Freiheit, von Angenommen sein. Wie könnte es sein, wenn er oder sie sich geborgen fühlte, frei, das zu tun, was sie will? Wie wäre es, wenn es ideal – oder annähernd ideal – gewesen wäre? Dann kann ich es aufzeigen. Ich versuche, die Fragen oder Ängste wahrzunehmen, die jemand hat oder besser hatte und von denen er oder sie heute nichts mehr weiß. Ich unterstütze ihn oder sie, etwas auszuhalten, komme aber auch immer selber an den Punkt, etwas auszuhalten. Befriedigend ist, wenn ich spüre, dass der andere dadurch mehr spürt als vorher, sich besser aushalten kann und Freiheiten gewinnt.

Verhaltenstherapeutisch könnte der Prozess „Psychoedukation", also Information über menschliche Entwicklung und „Analyse der Lerngeschichte" heißen. Allerdings ist mein hoher emotionaler Einsatz in dieser Methode nicht enthalten. Jüngere Entwicklungen wie die Schematherapie, nach der der Mensch auf spezielle Bedingungen mit einem umfassenden Muster reagiert, versuchen der Komplexität der Patienten mehr Rechnung zu tragen.

Analytisch oder tiefenpsychologisch fundiert betrachtet, würde ich aufgrund der Gegenübertragung - also dem, was ich in der Stunde an Impulsen und Gefühlen zu meinem Gegenüber spüre -, erkennen, wonach sich die Patientin sehnt und ihr dies deuten. Zwar sind hier meine Gefühle die Grundlage für die Arbeit, aber es geht mehr darum, dem Anderen Informationen zur Verfügung zu stellen. In neueren tiefenpsychologisch fundierten Theorien finden sich Ansätze[18], bei denen der Therapeut sich selbst mehr einbringt, stärker strukturierend versucht, im Sinne des Patienten, Entwicklungen zu unterstützen.

Bei einigen Psychoanalytikern spielt der Aspekt des

„emotionalen Haltens" [19] eine Rolle. Dieser Ansatz hat mich immer sehr interessiert und beschreibt es vielleicht besser.

Beim EMDR[20], einer modernen Technik in der Traumatherapie, sollen durch rhythmische Bewegungen die Gehirnhälften angeregt werden und damit die blockierte Verarbeitung eines Erlebnisses wieder in Gang gesetzt werden. Sehr ansprechend finde ich die exakte Voranalyse der durch die traumatisch erlebte Situation gewonnenen Überzeugung, die bewusste Wahrnehmung der zugehörigen körperlich gespeicherten Gefühle und der daraus ableitbaren Idee für eine Verbesserung: Die Überzeugung des Patienten „Ich bin nicht sicher" oder „Ich bin nicht wichtig" geht einher mit einer Anspannung im Brustbereich oder Druck auf den Schultern und verweist auf die Idee „Ich bin sicher" oder „Ich bin wichtig." Das macht einen Unterschied! Aber mir persönlich gefällt nicht, dass die Veränderung ohne mein Bewusstsein abläuft.

Viele Gemeinsamkeiten fand ich in der „Bindungstheorie"[21]. Die frühen Erfahrungen von Bindung, die ausreichend sensible Einfühlung und Befriedigung der eigenen Bedürfnisse durch Bezugspersonen, sind die Bedingung für das Erleben von Geborgenheit und Sicherheit und stellen so eine Voraussetzung dar, die jeweiligen Entwicklungsaufgaben erfolgreich zu bewältigen. Jedoch auch hier fehlt mir etwas. Gute Bindung scheint leicht machbar, vieles erlernbar. Und kann sie wirklich das Erleben von Verzweiflung verhindern?

Ich erlebe es so, dass der Kosmos des Anderen mich fasziniert und berührt oder dass ich die Stelle suche, wo es mich berührt. Dann werde ich wach und suche eine Verbindung, bei der wir beide anwesend sind. Häufig muss ich mich erst einmal bemerkbar machen. Ich werbe und tanze und kämpfe. Oft ist es Millimeterarbeit. Aber ohne einen gewissen Einsatz meinerseits würde sich die oft jahrzehntelang gewachsene Struktur des Anderen doch überhaupt nicht für etwas Ungewohntes - hier mich – interessieren.

In meinen Psychotherapien dreht es sich immer wieder um Unterstützung, um die Parteinahme für den Anderen, für seine Wünsche und Bedürfnisse, für das, was ich als „Ich" bei dem Anderen wahrnehme oder vermute, und um die Suche danach.

Frau S. - Der Vormund

Ach und dann kam Frau Albrecht. Eine Lehrerin. Sie kam irgendwie über den Gutachter, er hatte ihr wohl von mir erzählt. Sie hat mich im Gefängnis besucht. Zuerst war es auch ganz gut. Sie hat mich gefragt, ob ich bei ihr wohnen will. Da musste sie mein Vormund werden, ich war ja noch minderjährig, noch 20. Damals war man ja erst mit 21 volljährig. Als ich aus dem Gefängnis heraus kam, habe ich fast ein Jahr bei ihr gewohnt. Sie wollte, dass ich eine Ausbildung mache, höhere Schule. Sie wollte, dass etwas Besseres aus mir wird. Als es nicht so kam, hat sie mir das übelgenommen.

Sehen Sie, ich hab schon auch Unterstützung bekommen und ich hab nichts draus gemacht.

Nach einem Jahr hat eine alte Freundin aus dem Heim

geheiratet und eine große Party gegeben. Da bin ich hingefahren. Ich bin einfach da geblieben und habe in einer WG gewohnt. Da habe ich auch Drogen genommen und bin ... äh auch anschaffen gegangen. Ich schäme mich dafür. Es war nicht wegen Geld eigentlich, eher so als Strafe. Das war nicht lange. Damals habe ich zum ersten Mal erlebt, dass die Wände weggegangen sind. Das ist ganz furchtbar. Kennen Sie das? Können Sie sich das vorstellen? Da gehen die Wände weg und der Boden kommt einem entgegen, kniehoch. Ich bin für sechs Wochen in die Psychiatrie gekommen, mit Zwangseinweisung. Da hat mich Frau Albrecht noch abgeholt, aber dann war es vorbei. In einem Café hat sie zu mir gesagt: „Mit Ihnen will ich nichts mehr zu tun haben." Als es nicht geklappt hat, da hat sie mich fallen gelassen.

Fast sieben Jahre nach Therapiebeginn frage ich Frau S., ob ich versuchen soll, über Frau Albrecht an alte Gerichtsgutachten zu kommen, die bei einem Wohnungsbrand vernichtet wurden.

***

In einem Anruf erinnert sich Frau Albrecht: Ja, Frau Peters, das ist so lange her. Sie ist zunächst zögerlich: Wie geht es ihr? Ich sage, dass Frau Peters heute S. heißt, ich ihre Therapeutin bin und wir auf der Suche nach alten Unterlagen sind. Sie fragt: „Was behandeln sie denn? Als ich sie kannte, hatte sie ja keine psychische Krankheit."

Sie berichtet, wie sie Frau S. kennengelernt hat: „Die Susanne habe ich kennengelernt, als wir Schreibkurse für gefangene Frauen anbieten wollten. Irgendwie habe ich nach besonders schweren Fällen gefragt. Da hat die Leiterin von Frau Peters erzählt. Ein sehr stilles, zurückgezogenes Mädchen. Ich habe sie dann besucht. Zuerst hat sie gar nichts gesagt, nach und nach hat sie dann doch ein bisschen erzählt."

„Da war doch diese furchtbare Sache mit den Schulden. Weil sie ihren Vater umgebracht hatte, wollte die Betriebskrankenkasse die Waisenrente für die Geschwister von ihr zurück. Das war ja unmöglich. Da habe ich mich engagiert. Wir waren ja in dem Fortschrittsglauben und dass wir was Gutes tun müssten. Das war damals so. Ich habe einen Anwalt gefunden, einen jungen engagierten Anwalt, und der hat ihr wirklich die Schulden vom Hals geschafft, weil in einer wichtigen Erklärung eine Unterschrift von der Fürsorge fehlte. Das rechne ich mir an, dass ich das für sie getan habe. Wenn ein junger Mensch sein Leben mit einem solchen Schuldenberg beginnen soll, bleibt ja nur die Prostitution."

„Sie war ja sehr still, sehr zurückhaltend. Ich bin ihr Vormund gewesen, sie hat einige Monate bei mir gewohnt. Ich habe sie wohl überfordert. Ich dachte immer, sie müsse etwas lernen, eine Ausbildung machen. Sie wollte ja Kindergärtnerin werden. Da brauchte sie doch einen Abschluss. Sie konnte nichts, kein Spiegelei braten, nicht Betten machen. Ich wollte von ihr immer, dass sie etwas tut. Wir haben das damals unterschätzt."

„Sie ist ja dann auch abgehauen. Als ein Freund sie auf einem Bahnhof gefunden hat, hat sie kein Wort mehr gesprochen. Sie hat sich damit schon sehr verweigert. Aber es hat mich auch sehr erschreckt. Sonst war sie ja ganz normal. Ob sie Missbrauch erlebt hat? Aber davon wusste ich nichts, das gab es damals noch nicht in unserer Vorstellung. Sich selbst verletzt hat sie damals nicht und randaliert, das kann ich mir nicht vorstellen. Ach doch, jetzt fällt mir ein, dass sie an den Knöcheln Verletzungen hatte, aber das war älter."

„Später habe ich sie auf der Straße getroffen, mit einem Mann und einem 2-jährigen Kind, da wirkte sie sehr glücklich, beide waren glücklich. Da dachte ich, sie hat es geschafft, sie hat es doch richtig gemacht. Sie wollte ja auch immer ihre jüngeren Geschwister vor dem brutalen Vater beschützen, der nur geprügelt und getreten hat."

Dann wird sie nachdenklich: „Aber sehen möchte ich sie eigentlich nicht. Sie konnte nichts und wollte auch nichts lernen. Sie war zu weit weg. Eigentlich war sie eher wie 6 Jahre. Aber grüßen Sie sie von mir. Und ich suche Ihnen die Unterlagen raus."

Einige Tage später brachte sie mir die Akte vorbei. Sie könnte ca. 70 sein, blond gefärbte Haare, dezent geschminkt und modisch gekleidet. Frau Albrecht hatte ein Bedürfnis mich zu warnen: Ich solle nicht so gutgläubig sein. Eine solche Frau habe ja gelernt, mit Psychotherapeuten umzugehen. Auch stimme ja die Geschichte nicht. Sie habe nur 3 Geschwister und die seien älter als sie. Tatsächlich waren jedoch in der Akte nur die Geschwister aufgeführt, denen Unterhalt zustand und in den Geburtsdaten hatte sie sich vertan.

Aber mit ihrem Misstrauen gegenüber solchen Menschen steht sie nicht alleine.

Die Therapie - Differenzierung, Erwartung und Tatsache

Ihre Tochter Tanja will zu ihrer Tante ziehen, zu ihrer großen Schwester: „Dort bekommt sie all das, was sie bei mir nicht gekriegt hat." Dieser Satz stimmt so nicht. Geht es den Kindern der Schwester nur gut? Nein, sie kiffen. Es geht auch gar nicht. Was ihre Tochter Tanja alles nicht gekriegt hat, kann man nicht einfach nachholen. Vielleicht in Teilen. Aber oft geht es nicht darum, sondern um ein besseres Verständnis der eigenen Geschichte.

Sie hat Angst, dass Tanja etwas erfahren könnte. Tanja weiß nichts von ihren Großeltern. Sie glaubt, sie seien bei einem Autounfall ums Leben gekommen.

Kann sie sich vorstellen darüber zu reden? Vielleicht noch nicht jetzt, aber irgendwann einmal?

Nein, dann wird sie sich doch von ihr abwenden, sie ganz furchtbar finden: eine Mörderin! Das kann sie sich nicht vorstellen. Sie hat solche Schuldgefühle, was sie ihr alles nicht geben konnte. Ja, das ist verständlich, aber es lässt sich ja auch nicht ändern. Was glaubt sie, was Tanja heute hilft, was sie sucht? Ich glaube, sie könnte sich selbst und ihre Mutter etwas besser verstehen, wenn sie mehr wüsste.

***

Sie kommt sehr aufgeregt. Ihre Tochter hat von ihrer Schwester erfahren, dass sie ihren Vater umgebracht hat. Sie war stinksauer, dass ihre Mutter sie belogen hat. Frau S. ist voller Angst, was jetzt passiert. Wendet sie sich ab? Wird sie sie strafen? Schlagen?

Fällt ihr auf, dass Tanja sauer ist, weil sie sie belogen hat, und nicht, weil sie es getan hat? Kann sie sehen, dass sie bei ihr etwas sucht und kein unabhängiger Richter ist.

Nein, tatsächlich? Kann sie ihrer Tochter sagen, wie sie es empfindet: dass es ihr leid tut, dass sie es nicht von ihr gehört habe, aber sie noch nicht darüber sprechen könne? Nein, das kann sie nicht.

Aber es wird hier leichter von früher zu erzählen, um zu verstehen. Einfache Zusammenhänge: welche Geschwister von welchem Vater, Stefan, der zweitjüngste und leibliche Sohn des Vaters, war sein Liebling und ist heute Alkoholiker, die Tochter der dritten Schwester schneidet sich auch selber. Der leibliche Vater Mattner hatte keinen Beruf und auch, dass er missbraucht habe und auch sein Neffe.

Ihre Schwester habe ihr erzählt, dass ihre Mutter nicht durch den Tritt des Vaters gestorben sei, sondern weil sie versucht habe, ihre weit fortgeschrittene Schwangerschaft mit Stricknadeln selber abzutreiben. Alle anderen Geschwister mochten ihre Mutter nicht, nur sie, und heute wollen alle keinen Kontakt zu ihr.

Haben nicht auch wir alle Angst vor ihr? Weil sie eine Mörderin ist?

Wenn sie von früher erzählt, wird es schnell immer wieder überwältigend viel. Ihre Mutter ist ein Halt. Zwar hat sie sie auch gequält, wie die anderen Geschwister auch, aber immerhin war sie ihre echte Mutter und sie hat andere mehr gequält. Sie konnte wohl nicht anders. Die Beziehung zu den Vätern ist vergiftet, kontaminiert durch die sexuelle Gewalt und damit die Vergiftung des Selbstbildes. Ihre Geschwister hatten es besser. Hatten sie etwas, was sie nicht hatte? Wieso war sie anders? Wo war der Makel? Die Vorstellung, dass die Mutter selber schuld an ihrem Tod sei und so etwas Schlimmes getan habe, belastet ihr „gutes Bild" von der Mutter sehr.

Ich erzähle, dass ich in ihrer Psychiatrie gearbeitet habe. Es erschreckt sie, sie redet darüber hinweg, aber sie kann es hören und annehmen.

Die Therapeutin - Kindheit

Wenn die Kindheit so prägend ist, lohnt auch bei Therapeuten ein Blick darauf. Was hat mich geprägt?

Ich habe mich bereits als Kind für Psychologie interessiert. Einerseits, weil es eine Reihe solcher Bücher bei uns zu Hause gab. Aber andererseits vielleicht auch, weil es bei uns zu Hause schwierig war. Wie genau „schwierig" ist gar nicht so leicht zu sagen. Meine Mutter war in Einigem anders als andere Mütter. Keinesfalls oberflächlich. Eher gradlinig ohne Wenn und Aber. Wir hatten viele Freiheiten, die andere Kinder nicht hatten, durften auf 15 Meter hohe Buchenbäume klettern, in den nahe gelegenen Wald gehen soweit wir wollten, wir bekamen keinen Ärger, wenn wir uns beim Spielen dreckig machten, mussten aber alte Spielhosen anziehen oder trugen praktische selbstgenähte Frotteehosen, auch in die Schule. Mode hatte meine Mutter nicht nötig. Also hatten auch wir sie nicht nötig. Hatten wir Bauchschmerzen, wurden wir gefragt, was uns bedrückt. Alle Probleme waren lösbar. Schwäche, Ängste, Egoismus, Eitelkeit, niedere Gefühle wie Wut, Rache oder auch mittelmäßige Leistungen waren nicht vorgesehen. Eine seltsame, irritierende Leerstelle.

In gewisser Hinsicht war meine Mutter sehr stark. Als bei einem Ausflug an einen See eine Gruppe streitlustiger Jugendlicher unsere Sachen in Beschlag nehmen wollte, rettete sie die Situation. Sie guckte sich den Anführer aus, sprach ihn direkt und freundlich an und fragte ihn, wie es für ihn wäre, wenn er vielleicht später Familie hätte, ... bis die Jungs abrückten. Habe ich daher meinen Mut, mit Frau S. auf 15 Meter hohe Bäume zu klettern?

Ich erinnere, dass ich einmal auf dem Weg von der Grundschule nach Hause die Büsche und Bäume in der Umgebung ansah und sehr bewusst erlebte, wie man den Blick wechseln kann und dann etwas anderes sieht. Wie das Erlebte viel uneindeutiger ist als es oft den Anschein hat. Und doch jede erzählte Geschichte so tut, als sei der Sachverhalt eindeutig. Ich kann sagen, das Kind schaut die Büsche an, aber es fühlt sich ganz anders an. Und ich erinnere, wie mich diese Erkenntnis erschreckte und verunsicherte. Was hat Bestand?

Mein Vater war im Alltag wenig präsent, dann aber, in den Ferien oder am Wochenende, mitunter erfrischend gut gelaunt. Er hatte mehrere Seiten, konnte sehr plötzlich aufbrausen, wenn wir oder andere etwas falsch machten oder albern waren. Was genau falsch war, war für uns schwer zu erkennen. Noch lange Jahre kämpfte ich mit aller Kraft darum, ihm gegenüber locker zu bleiben. Er war unsicher, zerrissen, und er konnte das Leben genießen. Später gab es immer wieder Momente, in denen ich seine Suche nach Sinn in Kunst und Musik und sein Interesse an meinem Wohlergehen als tröstend und hilfreich empfand. So kenne ich die Suche nach dem was hilft.

Ich habe gerne und viel gelesen. Comics, wenig wertvolle Bücher wie „Hanni und Nanni" oder die erfundenen Geschichten eines Karl May lehnte meine Mutter ab. Es gab entweder bewährte Klassiker wie Erich Kästner, geschichtlich lehrreiche Bücher, aber auch viele „psychologische" Kinderbücher, in denen es um einsame, traurige Kinder ging, die etwas auszuhalten hatten. Im Sinne von Freud, der forderte, dass auch die Literatur zum Verständnis der Psyche der Menschen herangezogen werden sollte, kann ich sagen, dass ich mit Hilfe anspruchsvoller Kinderbücher und auch später durch viele andere Bücher immer wieder entscheidende Bausteine für mein Verständnis von Menschen und ihrer inneren Welt fand. Oder suche ich umgekehrt in der Arbeit mit Klienten nach lebendigen Geschichten?

Zum Beispiel beeindruckte mich als junges Mädchen die mitfühlende Erzählung „Die Spitzin" von Marie Ebner-Eschenbach: Eine Wirtin gibt einem bettelarmen, von allen ausgestoßenen Waisenjungen täglich einen Becher Milch. Als der Wirt, ein roher, gewalttätiger Mann bemerkt, wie der Junge „Mei Müalch!" ruft, verbietet er seiner Frau, ihm den Becher Milch zu schenken, solange der Junge nicht „Bitte" sagt. Die Frau versucht den Jungen dazu zu bringen. Aber er kommt nicht wieder, kann nicht bitten. Ich verstand:

Manchmal muss man direkt helfen und kann nicht die Formen wahren.

Sicher hat mich auch die christliche, evangelische Religion geprägt. In meiner Familie gibt es mehrere Pfarrer. Helfen hatte einen hohen Wert. Ich entstamme dem eher weniger begünstigten Zweig der Familie. Meine gehbehinderte Oma war arm und finanzierte ihre beiden Kinder mit Näharbeiten und der Hilfe ihrer Mutter. Dennoch spendete sie jeden Monat den zehnten Teil ihres Einkommens der Kirche. Habe ich daher die Bereitschaft und manchmal den Druck, mich so sehr einzusetzen?

In meiner ersten Therapie beschrieb ich meine Kindheit als schön. Ich habe viel im Wald gespielt, gute Schulen besucht, verständnisvolle, eher fortschrittliche Eltern gehabt. Für uns alle überraschend liefen wir Kinder nach der Trennung meiner Eltern während unserer Pubertät vollkommen aus der Spur, sackten ab. Einige meiner Freunde von damals haben heute schwere Lebensgeschichten hinter sich oder leben nicht mehr.

Heute kann ich die Überforderung meiner Mutter erkennen, damals verstärkten ihre Klagen und Vorwürfe: „Wieso seid ihr wie Euer Vater, sucht nicht gute Kreise, wie etwa eine kirchliche Jugendgruppe?", unsere Pubertätskrise. Obwohl sie sich angegriffen und verletzt fühlte, hinterließ meine Mutter verbrannte Erde. Ihr Selbstbild als Opfer verstellte ihr den Blick für ihre eigene Aggression. Unsere schlechten Gefühle waren nicht benennbar.

Ich erinnere, wie wir Kinder nach einer mehr oder

weniger durchstrittenen Familienfeier gemeinsam ins Jugendzentrum gingen und uns austauschten, dass wir nach einem solchen Tag alle irgendwie das Bedürfnis hätten, zu rauchen oder etwas zu trinken. Eine Vorlage, vor der ich die Entlastung durch selbstverletzendes Verhalten nachvollziehen kann.

Die vielen verschiedenen Sichtweisen, die Fragen und fehlenden Antworten, die Suche nach Eindeutigkeit haben mich durch die Jugend begleitet. Zeitweise war ich so sehr mit der Wahrnehmung meiner Mitmenschen, ihren inneren Welten und meinen Fragen beschäftigt, dass ich sehr darunter litt und die Orientierung verlor, mich geradezu bedrängt fühlte von den Menschen und dem Unausgesprochenen. Ich verordnete mir Leseabstinenz und Bewegung.

Nachdem ich tapfer versucht hatte Schreinerin zu lernen, wie Vater und Großvater, landete ich zum Glück doch noch bei der Psychologie. Nach einer Verletzung an der Kreissäge entschloss sich eine Freundin, die sich meiner Meinung nach eher weniger für Menschen interessierte, Psychologie zu studieren. Das ermutigte mich: „Wenn sie das kann, dann kann ich es auch."

Frau S. - Leben in Freiheit, Sohn und Mann

Meine Bewährungshelferin Frau Kuhn hat mir ein Zimmer bei der Heilsarmee besorgt, wo jeder nur ein Zimmer hat und alles andere ist gemeinschaftlich. Und sie hat mir ein Praktikum in einem Kindergarten vermittelt. Da waren die jungen Ärzte von der Uni-

Klinik, die waren alle sehr nett. Das war schön. Wissen Sie, wie schön das ist, wenn sie morgens hereinkommen und alle Kinder kommen auf einen zu: „Wie schön, dass Sie wieder da sind!" Kinder lügen nicht, sie sagen einem auch, wenn sie einen nicht mögen. Aber nach einem Jahr musste der Kindergarten geschlossen werden, weil sie nicht genügend, wie sagt man, Sanitärräume hatten. Es musste Toiletten für Männer und Frauen getrennt geben.

Ich hatte einen Freund, nur knapp ein Jahr. Er war Ausländer. Wir haben uns bald getrennt, er wusste nicht, das ich schwanger war, ist zurück nach Spanien. Weil ich noch Bewährung hatte, musste ich in ein Mutter-Kind-Heim. Ich war 23 Jahre. Die waren wie alle Heime, sehr streng, man musste sich ständig an Regeln halten. Aber die Zeit mit dem Baby war sehr schön. Als meine Bewährung ausgelaufen war, bin ich ausgezogen. Nach Neukölln, in die Hochhaussiedlung Gropiusstadt. Sie konnten mich ja nicht mehr halten. Das war eine schöne Zeit.

Dort hatte ich einen Nachbarn, ein freundlicher, kinderlieber Mann, er spielte immer mit Tobias. Über ihn habe ich meinen Mann kennengelernt. Wir sind umgezogen in eine andere Wohnung in der Siedlung. Zuerst war es sehr schön, es ging uns gut. Wir wollten beide ein Kind. Mein Mann hat immer gearbeitet, er hat auch gutes Geld verdient. Tanja wurde geboren. Sie und Tobias sind zwei Jahre auseinander. Eine Großtante hat meinem Mann ein Haus vererbt. Da mussten wir heiraten, weil es sonst nicht geklappt hätte. Die Zuschüsse und all das gab's nur für Verheiratete. Sonst hätte ich nicht geheiratet.

Wir sind in ein Einfamilienhaus gezogen, ich musste alles machen, alles sauber halten, kochen und all das. Das habe ich auch geschafft! Aber es war viel. Die ersten drei Jahre waren schön, es ging mir gut, ich habe mich nicht geschnitten. Obwohl ich zu Tanja nicht so eine Nähe hatte. Ich weiß nicht wieso. Aber es war schön.

Wir haben oft meine Schwester besucht mit den Kindern. Damals habe ich auch Monika noch getroffen. Wir waren oft für mehrere Tage in Braunschweig, manchmal war mein Mann auch mit dabei. Ja, das war eine schöne Zeit. Aber bald wurde es schwieriger.

Die Therapie - Erstes Hoch, Normalität im Krankenhaus

Frau S. findet es gut, wenn ich mehr von ihr weiß, aber sie findet es auch schwer, selber zu erzählen. Wir beschließen, alte Unterlagen anzufordern. Von der Klinik und ihrem früheren Psychiater. Ich denke, es könnte ihr helfen zu sehen, dass schon damals Menschen eine andere Haltung zu ihr hatten, als sie es glaubt.

Ihre endzwanzigjährige Tochter Tanja wohnt wieder einmal bei ihr. Sie hält es nur sehr schwer aus, fürchtet die ganze Zeit, von ihr angesprochen zu werden. Wenn sie gemeinsam fernsehen, zum Beispiel einen Film, in dem jemand ermordet wird, dann fürchtet sie eine heftige, möglicherweise gewalttätige Reaktion von ihr. Ein Gespräch kann sie sich immer noch überhaupt nicht vorstellen. Den Vorschlag, ihrer Tochter anzubieten, mit hierher zu kommen, findet sie gut. Tanja lehnt ab. So bleibt für sie nur, sich solange zu schneiden, bis sie etwas unternehmen kann, zum Arzt oder sogar in die Klinik gehen. Kann sie das sehen?

Tatsächlich kollabiert sie bei einem der nächsten Verbandswechsel beim Arzt. Ihre Betreuerin sagt den Termin zunächst ab, sie kommt doch, sie geht für ein paar Tage in die psychiatrische Klinik, haut wieder ab. Und wieder versuche ich, es zu benennen. Kann sie sich eingestehen, dass sie etwas nicht anders hinbekommt? Kann sie ihr Muster verstehen? Wenn sie Probleme macht, gibt es Aufmerksamkeit, sonst fürchtet sie Desinteresse. Sie hat kein Vertrauen, dass jemand bleibt. Wenn sie Zuneigung spürt, fürchtet sie Missbrauch. Ihr geringes Können ist ihr peinlich. Sie kann nicht Nein sagen, etwas fragen, eigene Wünsche äußern.

Frau S. war für eine Woche wegen Herz-Kreislaufproblemen in einem allgemeinen Krankenhaus. Sie war in einem 3-Bett-Zimmer mit zwei alten Damen, 77 und 90 Jahre alt. Und beide Damen mochten sie. Sie hatten selber „gute Familien", erhielten von denen Besuch und die Damen haben sie ins Gespräch mit einbezogen, als ob sie „ein ganz normaler Mensch" sei. Mit einer der beiden hat sie sich besonders gut verstanden, sie hat sie sogar eingeladen, sie zu besuchen. Danach hat sie sich 10 Tage lang nicht geschnitten, etwa ein dreiviertel Jahr nach Beginn der Therapie. Sie erkennt den Zusammenhang. Sie kann erkennen, dass sie sich von den Frauen gemocht fühlte, weil sie es selber, nach unseren Gesprächen darüber, gemocht zu werden, etwas mehr für möglich hielt. Dieser Zusammenhang eröffnet eine Perspektive. „Mir geht es so gut! Aber ich traue dem Braten nicht."

Nach 25 Sitzungen wird ein Antrag auf Umwandlung in eine Langzeittherapie mit 45 Stunden notwendig. In den letzten Wochen sind die Schnitte oberflächlicher und weniger geworden. Aber es ist klar, dass wir noch ganz am Anfang stehen.

Es kommt ein Bericht aus der psychiatrischen Klinik von vor drei Jahren über einen stationären Aufenthalt von drei Wochen. Aus diesem Bericht schaut mich der Stationsbetrieb an. Wechselnde junge Ärzte in Facharztausbildung stehen langerfahrenen Patienten gegenüber. „Die Patientin gibt an, sie sei in den letzten fünfzehn Jahren etwa 30 Mal stationär in unserer Klinik behandelt worden." Der Bericht erhellt ein wenig die Zeit vor dem Zusammenbruch, der zum Beginn der Therapie geführt hat: Sie habe, nachdem ihr langjähriger Freund gestorben sei, eine neue Beziehung begonnen. Wegen diesem drogenabhängigen Mann habe sie ihre Wohnung verloren. Sie sei aktuell nicht suizidal, aber sie fühle sich, als ob sie „in einem großen, leeren, weißen Raum" sitze, sich nicht mehr spüre. Sie habe große Angst und fürchte, dass ihre Tochter sich von ihr abwende. Sie habe sich von dem Freund getrennt, „ihn in die Fresse geschlagen". Es werden Gespräche über ihre Zukunftsperspektive durchgeführt, sie erhält verschiedene neuroleptische und beruhigende Medikamente, die weitere Reduktion wird empfohlen. Frau S. klagt über Knieschmerzen. Nach ca. einem Monat wurde sie „psychisch und körperlich gut stabilisiert" entlassen.

Hier zeigt sich oberflächlich betrachtet eine durchaus wehrhafte Frau. Unter der Oberfläche nimmt sie viel in Kauf: einen drogennehmenden Freund, der in ihrer Wohnung einen Wohnungsbrand verursacht, ihr nichts gibt. Und eine begrenzt hilfreiche, vertraute Psychiatrie mit Medikamenten.

Die Therapeutin - Lehrtherapie

Für viele Therapeuten ist es eine Motivation zur Psychotherapie, etwas bei sich verstehen zu wollen, was so zunächst nicht verständlich war. Wenn sie dann etwas finden, was ihnen wirklich hilft, haben sie eine gute Grundlage etwas weiterzugeben. Wenn nicht, dann nicht. Meine wichtigste Erfahrung war meine Ausbildungstherapie.

Nach längerem, kritischem und fast resigniertem, immerhin leicht trotzigem Suchen fand ich einen Lehrtherapeuten, der eher entfernt mit meinem Institut assoziiert war. Im ersten Gespräch äußerte ich auf seine Fragen meine Zweifel: „Erstens will ich eigentlich im Moment keine Therapie machen, muss es aber, weil es für die Ausbildung notwendig ist, und zweitens kann ich es mir grad nicht leisten." Seine Antwort, dass aus meinen Worten deutlich würde, dass ich offensichtlich nicht damit rechnete, ernst genommen zu werden, erreichte mich. Ja, ich rechnete mit Bullshit. Wie in anderen Ausbildungszusammenhängen durchaus erlebt. Wir verhandelten über den Preis und die Möglichkeit, dass wir uns in der Therapie mit dem beschäftigen können, was mir wichtig ist.

Wir konnten einiges klären und vor allem vieles aushalten. „Wieso sollten Sie etwas akzeptieren, was sie nicht wirklich verstehen? Vielleicht ist es ja schwer zu verstehen, vielleicht gibt es keine einfache, klare Antwort. Ich wüsste keine. Aber vielleicht können wir uns hier begrenzen: Darauf, besser zu verstehen, wie Sie die Welt sehen." Eine zentrale Bedeutung erhielt der Begriff Abwertung. Die Abwertung meiner eigenen Person, meiner Haltung, meiner Ängste, meiner Fragen, meiner Verzweiflung und auch die Abwertung meines Gegenübers. Abwertung schützt davor, Hoffnungslosigkeit und Verzweiflung zu spüren. „Gibt es überhaupt eine Antwort? Bin ich wichtig?" In den klaren Vorstellungen meiner Mutter, die aus den besten Absichten entsprangen, war wenig Raum für Eigenes enthalten.

Ich konnte meine Zweifel äußern. Meine Verzweiflung darüber, nicht verstanden zu werden, nicht geschätzt zu werden, konnte ich mir als vollkommen unpathologisch zugestehen. Ich konnte eine Gemeinschaft erleben, in der mein Ich unbeschädigt sein konnte, oder besser, sich nach und nach den Raum, der vorher arg eng war und mir nicht als fehlend bewusst war, wieder nehmen konnte. Das tat gut. Das ist die Selbsterfahrung und sie ist das Fundament für meine therapeutische Arbeit.

Anders als bei anderen fand ich, er benannte die Lücke. Er versuchte nicht so zu tun, als gäbe es die eine Lösung, Heilung oder therapeutische Gesundung. Sondern er zeigte sich. Und er verlor nicht an Stärke. Im Gegenteil. Durch das Benennen meiner Zweifel und das Verständnis dafür, weil er es selber kannte und normal und aushaltbar fand, keine Lösung zu haben, erlebte ich Gemeinschaft.

Ich konnte Fragen nach seinen Schwächen stellen und erkennen, dass ich in manchem stärker bin. Und mich dennoch anlehnen kann. Etwas, was mir in meiner Familie in einigen Bereichen auf diese Weise nicht möglich gewesen war.

In meiner Lehrtherapie habe ich viel Mut bekommen, zu mir zu stehen und mit Lernen beginnen zu können, auch und gerade als Psychotherapeutin. Erst wenn ich so sein kann wie ich bin, kann ich besser werden. Ich konnte beginnen zu probieren, tatsächlich das zu tun, was ich für richtig halte. Ich konnte Fehler machen und daraus lernen. So wie hier in der Therapie mit Frau S. Der Versuch, nach irgendeinem Plan zu handeln, macht mich unfrei, stresst mich und ich bekomme letztendlich weniger von meinem Gegenüber mit.

Ja, es gibt Regeln und Konzepte. Aber davor kommt die Zuwendung und die genaue Frage nach dem, was mein Gegenüber will.

Frau S. - Meine Familie

Mein Mann war ein Muttersöhnchen. Seine Mutter hat bei uns gewohnt. Er hat alles gemacht, was sie wollte. Ich hab alles falsch gemacht, ich war faul und er war gut. Er konnte sich nicht durchsetzen. Es war furchtbar, hat mich fertiggemacht. Mein Mann hat mich nicht verstanden, er hat nicht verstanden, dass ich nicht mehr konnte. Er war jähzornig. Er war auch hart zu den

Kindern, mehr zu Tobias. Um Tanja haben sie sich alle immer gerissen. Alle fanden sie süß.

Ich hab... Tobias war mir immer sehr nah, er wollte mir immer helfen. Ich weiß nicht, wieso, vielleicht auch, weil mein Mann immer etwas härter zum ihm war. Er sah mir auch ähnlich. Mit sechs konnte er nicht eingeschult werden. Er kam in die Vorschule.

Die Kinder haben auch viel Blödsinn gemacht. Auf dem Teppich, unter dem Bett, ein Feuer machen! Sie wollten ein Lagerfeuer machen. Auf dem Teppich! Unterm Bett! Da denken die Kinder nicht dran. Tanja hat immer Tobias nachgemacht. Sie war ein bisschen zurück, sie hat länger gebraucht, bis sie gesprochen hat, aber dann war alles normal. Sie war zu hibbelig, zu unruhig. Heute würde man sagen, ADHS. Sie war bis zum dritten Schuljahr auf einer Vorschule. Sie wurden morgens abgeholt und nachmittags gebracht. Sie durfte ihre Puppe und Tierchen mitnehmen. Das fand ich schön, dass sie so zu den Kindern waren. Aber dann ging sie ganz normal in die Gesamtschule. Aber wenn ich ehrlich bin, habe ich mich um sie weniger gekümmert.

Wenn ich daran denke, was sie alles erlebt haben. Ich habe schon auch mit ihnen gespielt, vorgelesen. Tanja wollte immer auf meinen Schoß. Ich habe sie auch gelassen. Aber ich konnte sie nie in den Arm nehmen und sagen, dass ich sie lieb habe. Das konnte ich nie.

Mit der Schule war ich überfordert. All das mit der Schule, Hausaufgaben und Haushalt, all das, das konnte ich nicht mehr. Ich habe sie mit dem Bügel geschlagen. Grün und blau. Was habe ich getan? Ich lag viel auf dem Sofa, habe mich geschnitten. Vor den

Kindern! Ich habe ihnen gedroht! Das muss schlimm für sie gewesen sein. Ich bin immer wieder ins Krankenhaus gekommen. Dann kam von der Krankenkasse eine Frau. Wenn ich daran denke, was die zwei alles erlebt haben. Es gab viel Streit, ich konnte nicht mehr, lag nur auf dem Sofa, viel geschnitten. Ja, eigentlich wie meine Mutter. Bin immer wieder in die Klinik und immer wieder zurück.

Meine Schwiegermutter hat gesagt, ich bin faul und mein Mann soll sich scheiden lassen. Er ist in Urlaub gefahren und hat da ne neue Frau kennengelernt. Dann kam die Scheidung. Erst war es schlimm, aber dann dachte ich, es ist besser so, er war ein, wie sagt man, Choleriker, er war jähzornig. Hat ja immer gesagt: „Du bist faul, Du willst ja nichts machen". Das tat weh. Da bin ich dann lange in der Klinik gewesen. Eineinhalb Jahre. Dann haben sie mich überredet, Tobias in eine Pflegefamilie zu geben und Tanja sollte bei ihrem Vater bleiben. Bis die Kinder elf und neun waren, waren sie bei mir. Sie haben mich noch besucht in der Psychiatrie, beide.

Und ... ich weiß auch noch - da schäme ich mich sehr für ... habe ich ja auch, ich hab mal das Kopfkissen auf die Tanja gedrückt. Ich konnte nicht mehr. Obwohl ich doch gesagt habe, ich würde so etwas nie wieder tun. ... Mein Mann wurde immer brutaler.

Mein Mann hat schwer gestottert. Er sah gut aus. Wir hatten beide unsere Schwächen.

Die Therapie - Erster Einbruch

Das erste Stimmungshoch bröckelt. Der erste Einbruch ist normalerweise schwer auszuhalten, alles wird in Frage gestellt. Und doch ändert sich etwas, ganz vorsichtig. Frau S. beginnt sich und die Welt anders zu sehen oder es zumindest für möglich zu halten. Als es in einer der nächsten Stunden um die Frage geht, ob es wirklich sein kann, dass Schwester Karin, Frau Roth und ich sie mögen, muss oder kann sie kurz weinen.

Es gibt so viel Belastendes, Bedrängendes, Bedrohliches. Tanja fragt immer nach der Vergangenheit. Sie kann nicht antworten und sie kann nicht „Nein" sagen. Ihre Betreuerin will mit ihr ins Café gehen. Und der Nachbar kommt immer zu ihr in die Wohnung. Sie kann nicht „Nein" sagen. Sie ist von sich selber genervt. Sie könne viel aushalten, aber das nicht. Sie berichtet von den fünf Jahren Gefängnis. Sie habe sehr oft Arrest bekommen oder sei in der Beruhigungszelle gewesen. Mit Handschellen und fixiert. Sie habe gelernt, starke Schmerzen auszuhalten. „Ich kann stundenlang im Raum sitzen und Zeit totschlagen." Ja, ihre eigene Lebenszeit. Und sie ist sehr ungeübt selber zu entscheiden, sich zu fragen, „Was will ich tun?" Sie hat wenig Übung darin aufzuräumen, sich abzulenken, einen Streit auszuhalten und „Nein" zu sagen. Kann sie sich das zugestehen?

Sie hat mit dem psychiatrischen Pfleger über die „Knast-Zeit" gesprochen. Jetzt ist es wieder so wie damals. Sie kann nichts machen, nur sitzen. Sie kann nicht kommen. Ich rufe sie an. Sie sitzt auf dem Sofa und kann nichts tun. Hm, kann sie es für mich tun?

Kann sie das Radio anmachen? Ja. Kann sie sich die Schuhe anziehen? Ja. Kann sie zur Tür gehen und diese öffnen? Nein.

Nach drei abgesagten Terminen kommt sie wieder. Es tat gut, dass ich mich bemüht habe ihr zu helfen. Und es hat ja auch ein bisschen geholfen. Das war interessant, dass so etwas geht. Aber die Angst ist zu groß. Sie nimmt sich übel, dass sie nicht kommen kann. Für den Amokläufer von Erfurt kann sie Verständnis haben, obwohl er viele Menschen umgebracht hat, für sich selbst nicht. Sie hat Angst, dass es ihr wieder sehr schlecht geht. Ja, das ist möglich. Aber es kann dann auch wieder besser werden. Und vielleicht kann sie etwas dazu tun? Sie hat einen solchen Druck sich verletzen zu müssen, um Aufmerksamkeit zu bekommen. Dann erlebt sie Entlastung. Ist das nicht schrecklich und peinlich? Nun ja, das hat sie gelernt. In den Krankenhäusern. Sie hat nicht gelernt, anders und einfach so Aufmerksamkeit zu bekommen. Ich fahre drei Wochen in Ferien und Schwester Karin auch. Sie hat große Angst davor.

Nach den Ferien kommt sie und ist an Ober- und Unterarmen total verletzt. Ich ermuntere sie zu sehen, dass die drei Wochen anstrengend waren und sie wütend ist und weinen möchte. Sie kann nicht aushalten, dass sie so vieles nicht kann. Ja, wie kann ich ihr begegnen?

Es nutzt ja nichts. Es ist auch für mich schwer auszuhalten. Ich bin unsicher. Sollte ich mehr darauf drängen, dass sie sich nicht schneidet? Doch einen verhaltenstherapeutischen Vertrag schließen? Stärker fordern, dass sie sich berücksichtigt, und die destruktive Halbentlastung mehr unterbinden?

Ich erinnere mich, wie gerne ich meiner kleinen Tochter die Hände festhalten möchte, wenn sie vor Nervosität an ihren Haaren dreht, bis sie brechen. Mich hinzusetzen und mich in Ruhe zu fragen „Wieso tut sie das?", „Was fehlt ihr?" ist schwerer, viel schwerer. Wenigstens möchte ich beides tun: Einerseits Raum geben für das, was sie beschäftigt, und andererseits diese Gewohnheit unterbrechen. Aber ich weiß auch von ihrem Bruder während des Trockenwerdens, dass es sich tatsächlich lohnt, frei zu sein von der Konzentration auf das „Symptom". Ich habe die Wahl zwischen sauber machen und mich ärgern oder nur sauber machen. Kraft kostet es sowieso. Wenn es mir gelingt, mich auf die emotionalen, auf die entscheidenden Probleme zu konzentrieren, fühle ich mich tatsächlich freier, und es scheint deutlich hilfreicher zu sein.

Ich fasse wieder Mut, offen zu bleiben für die wichtigen Bedürfnisse von Frau S.

Die Therapeutin - Zuwendung im Kontext

Was wirkt bei Frau S.? Zuerst einmal, dass ich da bin. Dass ich mich mit ihr beschäftige, sie wichtig nehme. Im konkurrierenden Feld der Psychotherapieschulen wird immer wieder vor „unspezifischer Zuwendung"[22] gewarnt. Dabei scheint mir die Zuwendung ein ganz wichtiger Faktor zu sein. Ebenso wie in der kindlichen Entwicklung. Seit der bekannten Forschung von René A. Spitz zum Thema Hospitalismus[23], bis zu jüngeren Forschungen zum Beispiel über Kinder aus rumänischen Waisenhäusern, von denen nach dem

Zusammenbruch des Systems eine größere Zahl von englischen Familien adoptiert wurde[24], kommen Psychologen und andere Forscher übereinstimmend zu dem Schluss, dass die feinfühlige, liebevolle, zuverlässige Zuwendung von gravierender Bedeutung für die Entwicklung von Körper, Intellekt und sozialen Fähigkeiten ist.

Psychotherapeutische Behandlung hat sich entwickelt, nachdem die Religion im Alltag und in den zwischenmenschlichen Beziehungen an Einfluss verlor. Im Glauben und auch direkt bei ihren weltlichen Vertretern suchten Menschen Trost, Halt und Geborgenheit. Pfarrer, aber auch andere anerkannte Autoritäten wie Lehrer oder Ärzte, konnten trösten und versöhnen, mit Hilfe der ihnen zugesprochenen Autorität oder über den Hinweis auf die umfassende Zuwendung durch Gott. Gerade auch dann, wenn es das Leben nicht gut mit einem gemeint hatte. Heute geht es vielen Menschen besser, wir achten Leben mehr und wissen um den Wert von Zuwendung. Wir haben uns emanzipiert und erkennen nicht mehr einer Person eine solch große Autorität zu. Pfarrer und Ärzte wollen sie auch gar nicht mehr, sie möchten lieber genauso Mensch sein wie wir selbst. Unsere Möglichkeiten, uns mit anderen auszutauschen, sind immens gewachsen, wir nutzen Medien, fragen Psychologen, sprechen mit Freunden und kennen viele Antworten. Aber die Suche nach Bedeutung und Begegnung bleibt.

Und der Glaube an die eigene Bedeutung und die daraus entstehende Kraft, der spielt auch in der

Psychotherapie eine Rolle. Als menschliche Wesen sind wir auf andere Menschen ausgerichtet.

In einer Beziehung können wir wachsen. Das ist das Fundament von Psychotherapie. Ein kleines Stück, eine Stunde, eine Idee davon, wie es sein könnte, wenn ich zu mir - so wie mein therapeutisches Gegenüber –

wohlwollend, aufmerksam, interessiert und liebevoll bin. Pars pro toto.

Es gibt banale Rahmenbedingungen: In der Psychotherapie kann ich mich dem anderen zuwenden, ohne gestört zu werden, ohne durch Telefon oder andere Menschen abgelenkt zu werden und ohne Eigenes berücksichtigen zu müssen. Das ist ein hohes Gut. Soviel Aufmerksamkeit ohne Gegenleistung gibt es im normalen Leben nur in Ausnahmefällen, im Grunde nur als Baby. Sonst muss ich mindestens Danke sagen, meist irgendeine Gegenleistung geben. Selbst Verliebte bestätigen sich gegenseitig.

Insofern kann man die Therapiesituation auch als analog zur Entwicklungssituation von uns als Kleinkindern verstehen. Vor dieser Folie kann etwas deutlich werden. Im Spiegel der Zuwendung des Therapeuten kann ich als Klient meine eigene Ignoranz oder rüde Lieblosigkeit mir selbst gegenüber – entsprechend meiner Erfahrungen - spüren und erkennen.

Das ist oft nicht leicht und ich brauche ich Hilfe. Wenn die Klientin oder der Klient spürt, welche psychisch schwer oder nicht aushaltbaren Haltungen durch wichtige Bezugspersonen sie oder er erlebt hat, überwältigen die alten Ängste oder die Scham sie oder ihn häufig neu. Als Therapeutin kann ich dem anderen helfen dies auszuhalten, gemeinsam mit mir. Anders als sein bisheriges Konzept von Gemeinsamkeit als Beispiel von „guter", von „ausreichend guter" Gemeinsamkeit.

Wenn das gelingt, kann der Klient sein Konzept von „Ich kann eh nichts machen, es war schon immer so." in Frage stellen. Und dann ändern, wenn er es will. Er oder sie kann sich trauen, an der Hand eines anderen etwas Neues zu wagen. Zum Beispiel eigene Interessen zu verfolgen, einen Konflikt auszuhalten oder jemandem zu vertrauen.

Klienten haben häufig Einsamkeit erlebt, fehlendes Verstehen, Beschämung. Und aus diesem Konzept heraus leben sie. Für Frau S. war es wichtig, dass die Hauswartsfrau gekocht hat, mit ihr gekocht hat, genauer hingesehen hat. Der freundliche Polizist, das Engagement und die Sympathie von Herrn Schneider, das Interesse von Doktor Pfeifer, immer hat ihre Schwester Barbara Kontakt gehalten. Aber nachhaltiges Interesse erst mit 34 zu erfahren, das ist zu spät und viel zu wenig.

Ich glaube, es ist wichtig, tatsächlich auf die gleiche Ebene zu kommen. Die Not und die Ängste zu scheitern, nicht zu genügen oder nicht anerkannt und geliebt zu werden, tatsächlich verstehen zu können. Das kann ich, mich auf mein Gegenüber einlassen. Im Lehrbuch heißt es, jemanden da abzuholen, wo er steht. Zuwendung ist sowohl schlicht als auch hohe Kunst. Ich bin als ganz Person gefragt. Das ist anstrengend.

Frau S. - Im Frauenwohnheim

Ich habe fast sechs Jahre in einem Wohnheim für psychisch kranke Frauen gelebt, dem Bodelschwingh-Haus. Wir waren zu acht auf einer Etage, zuerst im Doppelzimmer, später hatte ich ein Einzelzimmer.

Immer wenn ich geschnitten habe, haben sie mich in die Psychiatrie geschickt. Ja, es war wie alle Heime. Immer musste man etwas tun. Immer sagte einer einem, dass man seinen Dienst machen soll. Meist hab ich es ungern gemacht. Aber der Herr Schneider, der Leiter, war sehr nett. Mit ihm hatte ich Gespräche. Wir haben über meine Mutter und meinen Vater geredet. Das erste Mal. Er hat auch meine Akte beantragt und mir etwas erzählt von meinem Vater und so.

Noch lange habe ich Tanja immer am Wochenende gesehen, sie hat da richtig bei mir gewohnt. Tobias hat sich nicht mehr gemeldet. Die Familie ist bald mit ihm weggezogen.

Ich habe dem Leiter, Herrn Schneider, Stress gemacht, am Wochenende, wenn ich getrunken habe, habe ich mich immer vor seine Tür gelegt. Nein, er hat da nicht drauf reagiert. Aber ich wusste doch, dass er ... dass er mich irgendwie schon ... mag, so. Ich war ja lange da. So lange wie sonst keiner. Manchmal war es auch lustig, mit den anderen bei der Arbeit. Aber ich wollte lieber normal leben.

Der Herr Schneider hat damals die Akte angefordert. Er hat mir von den Gutachten erzählt. Wir haben sie zusammen gelesen, Teile davon. Von ihm weiß ich einiges. Zum Beispiel, dass die Hauswartsfrau ausgesagt hat, dass sie immer für uns gekocht hat und sich keiner um uns gekümmert hat. Er hat auch erzählt, dass mein Vater angezeigt worden ist und dass er wegen schwerer Kuppelei auf Bewährung verurteilt worden ist. Aber nachher war es mir zu viel.

Oh jeh, wir waren mal beim Friedhof, am Grab von

meinen Eltern, meinem Vater. Das war schlimm. Das Grab war ja schon alt und wurde nicht mehr gepflegt. Da war die Erde so eingesackt und man konnte nach unten gucken. Ich habe große Angst gekriegt, dass er da rauskommt und mich holt. Das hat mich noch lange verfolgt.

Damals war ich oft in der Klinik, nachher weniger. Immer wenn ich mich geschnitten habe, haben sie mich in die Klinik geschickt. Aber ich weiß, damals habe ich es auch eine Zeitlang geschafft, mich nicht zu schneiden. Ja, und dass ich mir mal schöne Sachen gekauft habe. Da habe ich vorher nicht drauf geachtet. Ich hatte ja nicht viel Geld. Aber man kann ja auch mit wenig Geld etwas Schönes finden. Das hab ich da gelernt. Ich wollte raus aus dem Heim und normal leben.

Die Therapie - Intensive Arbeit

Die Therapie ist sehr intensiv. Egal ob Frau S. kommt oder nicht, sie ist sehr mit der Therapie und mit sich beschäftigt. Sie spürt ihr Bedürfnis, gelobt und gemocht zu werden. Und sie spürt, wie schwer es für sie ist. Zum Beispiel wenn sie zwei Tage nicht geschnitten hat. Ich freue mich und denke, das hat sie toll gemacht, sie hat etwas geschafft. Ja, einerseits freut sie das Lob und sie wünscht es sich. Andererseits kann sie es kaum aushalten. Ja, sie kann sehen, dass sie nie gelobt worden ist und sehr wenig Übung damit hat. Ebenso anders herum. Wenn sie sich alleine fühlt, schneidet sie sich heftig. Sie hat so viel Angst, dass andere wissen können, was sie getan hat, und dass sie sie deswegen hassen oder Angst vor ihr haben. Kann sie sehen und überprüfen, wie es bei mir ist? Es geht kaum, aber ein bisschen.

Sie sieht oft Familienfilme, hat eine solche Sehnsucht nach heiler Familie. Kann die Therapie dieses Bedürfnis stillen? Ja und Nein, oder besser Nein und Ja. Keine falschen Hoffnungen. Nicht eins zu eins. Ihre Zuwendung zu sich selbst ist wichtiger als meine. Andererseits kann sie hier etwas erleben, wahrnehmen, spüren. Kann sie über meine Zuwendung ihre eigene entwickeln. Wenn sie alleine ist, kann sie gar nicht mehr glauben, dass ich sie mag. Das ist normal, es ist schon gut, wenn sie es hier glauben kann. Und es kann mehr werden.

Ich wünsche mir ihre Akte, um mit ihr die Einschätzung der beiden ersten Gutachter teilen zu können oder die Verurteilung ihres Vaters schwarz auf weiß lesen zu können. Ich verspreche mir Hinweise auf sexuellen Missbrauch und Bestätigung der Schwierigkeit ihrer Lebensbedingungen. Wir machen noch einen Anlauf, versuchen Daten und Anlaufstellen für Berichte zu eruieren. Sie erinnert sich an Zeiten und Namen.

***

Sie hatte mich angerufen und ich hatte keine Zeit, habe gesagt: „Ich kann jetzt nicht." „Wie ich so etwas sagen könnte?" Sie wollte gerne gefragt werden, wie es ihr geht.

Ich bin gestresst, verspüre Ärger, ich setzte mich so für sie ein. Schließlich zahlt sie kein Ausfallhonorar und Handyanrufe kosten auch Geld. Ja, und ich kann es nicht für sie richten. Es sind zu viele Ausfälle zurzeit. Das strengt mich an. Und ich traue mich nicht, das mit ihr zu besprechen, weil ich sowohl fürchte sie zu verletzen, als auch ihre Wut und möglicherweise Selbstverletzung zu provozieren. Es nutzt nichts. Ich muss meine Angst überwinden. Sonst kann ich nicht verlässlich für sie sein. Und dann ist es schwierig, aber, wie so oft, auch leichter als befürchtet. Im Gegenteil, Ansprechen erleichtert. Ein Beispiel, auf das ich mich beziehen kann, wenn sie einmal in einer ähnlichen Situation ist. Sie hat gesehen, dass es auch für mich schwierig ist. Wir einigen uns auf einen festen Termin, den sie absagen kann, und ein Telefonat an einem bestimmten Tag. Und wir sind beide erleichtert und ein wenig stolz auf uns.

In der nächsten Stunde kommen wir weg vom Schneiden, hin zu der direkten Frage inklusive in die Augen schauen, ob ich sie mag, selbst wenn sie fordernd ist, wenn sie etwas will? Ein konzentrierter Moment: „Ja, mein Gefühl für Sie verändert sich nicht, auch wenn es schwierig wird." Und sie kann gerne anrufen und auf den Anrufbeantworter sprechen. Und ich muss nicht zurückrufen.

Und sie kann sagen, dass sie zur letzten Stunde mit dem festen Vorsatz gekommen war, sich in der Stunde vor meinen Augen zu schneiden. Wieder ein Moment, in dem ich ins Schwitzen komme. Ich kann ihre Wut darüber, dass ihr nicht geholfen wird, verstehen. Aber nach der Vorlage der letzten Stunde kann ich leichter auch meine Sicht ausführen. Wenn Sie sich verletzt hätte, hätte ich mich sehr erschrocken. Wir hätten uns ums Verbinden kümmern müssen. Und ich wäre in der

Folge angespannt, ängstlich und unter Druck. Das alles würde mir nicht helfen, ihr zu helfen. „Ja, so habe ich das noch nie gesehen."

Sie will über etwas sprechen, dass sie sehr belastet. Tanja schneidet sich auch. Seit 3 Jahren. Sie hat Schuldgefühle. „Macht sie es mir nach? Sie hatte es schwer als Kind."

Erst wenn sie da sein darf, eine echte Lebensberechtigung hat, kann sie andere wahrnehmen. Zum Beispiel ihre Tochter.

Bald ist Weihnachten. Sie wird alleine sein, es ist eine schwere Zeit. Es gibt Angebote vom SPZ[25]. Aber solange sie nicht „Nein" sagen kann, wird sie nicht dorthin gehen können.

Die Therapeutin - Sicherheit im Kontakt

Natürlich gibt es ein Bedürfnis nach Überprüfbarkeit und Sicherheit auch in der Psychotherapie. Man will wissen, zu wem man geht, wem man sich anvertraut. Die Politik sucht Orientierung. Welche Richtung soll wie viel Geld bekommen? Es geht nicht anders, man braucht Regeln und Verbände. Aber das bedeutet auch, dass jede Schule im konkurrierenden Feld der Therapiemethoden die eigene Methode als die Beste, als die Lösung für die von den anderen Schulen nicht heilbaren Fälle darstellen muss. Psychotherapie insgesamt muss als wissenschaftlich fundiert, evidenzbasiert und überprüfbar dargestellt werden.

Aber hier sind wir unter uns. Wir können in Ruhe darüber nachdenken, wie es wirklich ist. Und da denke ich, die Festlegung auf die Überprüfbarkeit führt in die Irre. Die Darstellung von Psychotherapie als eine Art Medizin, als etwas, worauf man sich verlassen kann, ist nicht hilfreich. Psychotherapie ist, wie viele andere Wissenschaften auch, bisher nur ein sehr begrenzt erforschtes Feld. Gäbe es die eine superfunktionierende Theorie, wäre sie der Renner. Eher sind Lobbyisten einer Richtung erfolgreich, wenn sie so etwas behaupten.

Dazu passend scheint es bei den etablierten Richtungen Bestrebungen zu geben, die jeweils vorhandene Lücke zu ergänzen. So sprechen Verhaltenstherapeuten heute von bindungsgeprägten, sinnbedürftigen Wesen[26] und die zuletzt entwickelte Schematherapie[27] basiert auf Elementen psychodynamischer Konzepte. Parallel finden sich bei der tiefenpsychologisch fundierten Therapie Ergänzungen in Richtung eines stärker steuernden Vorgehens, z.B. bei der Strukturbezogenen Therapie[28]. Was also ist verlässlich?

Schon in den 90er Jahren fand der Psychotherapieforscher Klaus Grawe[29] heraus, dass für das Gelingen einer Psychotherapie nicht die jeweilige Methode, sondern die Qualität der therapeutischen Beziehung wichtig ist. Fühlt der Patient sich in der Therapie gut aufgehoben und unterstützt? Kann der Therapeut die Stärken des Patienten erkennen und nutzen? Kann der Patient das Problem in der Therapie bewusst spüren und verstehen? Wird das Erleben und Verhalten des Patienten klarer? Und wird dem Patienten tatsächlich bei der Bewältigung seiner Probleme geholfen.

Ich finde, dies verweist darauf, wie Patienten Sicherheit finden können. Nämlich indem sie sich selbst fragen, wie es ihnen geht, und indem sie ihren Therapeuten fragen, was denn hier gerade passiert. Kritisch werden, im positiven Sinn. Damit meine ich definitiv nicht, dass Psychotherapeuten sich als Wohlfühldienstleister verstehen sollen. Hauptsache, der Patient fühlt sich wohl. Nein, das wäre nicht hilfreich für Veränderung. Aber wenn Patienten sich trauen nachzufragen und Therapeuten aushalten können, suchend zu sein, sich zur Debatte zu stellen, können beide etwas gewinnen. Freiheit und echte Stabilität.

Ich bin oft unsicher. Zu Beginn einer Therapie, aber auch später schwimme ich immer wieder. Es gibt so vieles zu verstehen, zu beachten und zu gewichten. Manchmal bin ich dann unklar, wenig strukturiert. In meiner Therapieausbildung hat mich das entscheidende Punkte gekostet. Aber ist das wichtig? Ich kann es benennen, kann fragen: „Ich habe es noch nicht verstanden. Ist es so?" oder informieren: „Manchmal drücke ich mich unklar aus. Sagen Sie mir ruhig Bescheid, dann versuche ich es noch einmal." Es gibt etwas auszuhalten, Unsicherheit, möglicherweise Kritik, aber ich kann näher dran sein: Wir beide verstehen es noch nicht. Mir ist wichtig, dass ich in der Therapie frei bin, um so viel wie möglich von dem Anderen durch meine Empfindungen wahrzunehmen.

Lieber bin ich unsicher, als dass ich jemandem meine Sicht überstülpe. Als Orientierung für eine Minimalbasis würde ich sagen, ich versuche zu helfen, mit dem, was ich kann, was ich in Therapieausbildung, Studium, in meiner Lehrtherapie oder Therapien mit anderen

Patienten und auch durch eigene Lebenserfahrungen kennengelernt habe. Das scheint zunächst weniger, als zu sagen: Ich arbeite nach der und der Methode, aber es ist für mein Gegenüber leichter überprüfbar: Wie geht es mir hier? Hilft es? Macht es Sinn? Es gibt mit Sicherheit Dinge, die nicht gefallen, aber wir können sie benennen und prüfen, ob sich die Arbeit dennoch lohnt.

Weiter versuche ich zu verstehen, wie jemand über sich selber und andere denkt. Wirklich denkt. Da gibt es oft mehrere Haltungen, welche trägt? Steht er wirklich auf seiner Seite? Oder hätte er sich lieber anders als er ist, lehnt sich oder bestimmte Impulse bei sich selbst ab? Dieses Wissen kann ich ihm oder ihr anbieten: „Ich sehe hier dies und das. Interessiert Sie das? Sehen Sie, was ich meine? Wenn Sie es auf Ihre Art sehen, hat es diese Konsequenzen, die Sie doch gar nicht wollen. Wieso ist es so? Könnten Sie es auch anders sehen? Kommt Ihnen das bekannt vor? Wollen Sie das wissen?"

Das ist nicht einfach. Jemand, der Therapie sucht, sucht Hilfe, oft in einem umfassenden Sinn. Als Kind brauche ich Eltern, auf die ich mich ausreichend blind verlassen kann. Habe ich das nicht gehabt, wünsche und brauche ich es auch noch als Erwachsener. Aber Psychotherapie ist nicht der Ersatz einer schlechten Kindheit durch eine bessere, sondern die Möglichkeit, mich im Spiegel selber zu erkennen, meine erwachsenen Möglichkeiten zu erkennen. Durch den Schmerz über das Vermisste, das Erlittene hindurch. Mehr geht nicht. Therapie ist oft der schmerzhafte Aufbau einer vertrauensvollen Beziehung, bei gleichzeitigem Einreißen unfunktionaler, aber immerhin über die Jahre stabilisierender Hilfskonstruktionen.

Und dennoch sind wir beide, Therapeut und Klient, grundsätzlich gleich und frei. Wir treffen uns zu einem Arbeitszusammenhang, bei dem es um Einlassen, Vertrauen und Gehaltenwerden geht. Der Patient oder Klient entscheidet, ob er sich auf ein Gegenüber einlässt, das seine Begrenzungen hat. Die Vereinbarung, dass ich als Klient der Mittelpunkt und Maßstab bin, ist die Voraussetzung dafür. Dann kann ich auch Begrenzungen des Therapeuten benennen und aushalten.

Frau S. - Therapie im Frauenwohnheim

Aus dem psychologischen Bericht wird deutlich, dass sich jemand wirklich näher mit ihr befasst hat. Die Kindheit wird deutlicher: Sie sei aus einem „Seitensprung" der Mutter entstanden, zu dem die Mutter weiter sexuellen Kontakt unterhalten hätte. Ab ca. sechs Jahren sei auch sie durch den Mann sexuell missbraucht worden. Der Stiefvater sei „eiskalt" gewesen. Sie glaube, dass die Mutter unter der Situation gelitten habe und ihr deshalb nicht die Wärme geben konnte, die sie gebraucht hätte. Sie habe immer Nähe gesucht und die Mutter habe sie immer zurückgestoßen. Die sexuelle Belästigung durch den Vater und andere Bekannte der Mutter hätten ihre Kindheit und Jugend sehr geprägt. Sie könne sich mit dem plötzlichen Tod der Mutter nach einem Abtreibungsversuch nicht abfinden, wolle sie immer wieder bei sich haben und rufe nach ihr.

Das Pflegepersonal im Heim sei „herzlos" gewesen und sie habe „vergeblich auf Besuch" gewartet. Das Gefühl des „Verlassenseins, der inneren Kälte" habe immer mehr Raum eingenommen. Nach der Entlassung aus dem Kinderheim habe sie dem Stiefvater den Haushalt führen müssen. Nach einem Jahr habe sie in einer Kurzschlusshandlung den Vater vergiftet. Die Haftzeit sei „sehr schlimm" gewesen, sie habe öfter randaliert.

Nach der Heirat mit dem Vater ihres zweiten Kindes sei sie zunehmend depressiver geworden. Im Rahmen familiärer Konfliktsituationen mit dem Ehemann und der im Haushalt lebenden Schwiegermutter sei es vor dem Hintergrund einer Neigung zu autoaggressiven Handlungen zu zwei fünf Jahre auseinanderliegenden Suizidversuchen gekommen. Besonders zu dem ältesten Sohn Tobias habe sie ein sehr enges Verhältnis gehabt. Sie wolle ihm all die Liebe und Zuneigung geben, die sie vermisst habe. Tanja habe diese Rolle nie gespielt, sie sei halt so mitgelaufen. Nachdem ihr alles immer schwerer gefallen sei und es immer mehr Streitigkeiten gegeben habe, habe Tobias mit Schulschwierigkeiten, Verwahrlosungstendenzen und Diebstählen reagiert, so dass das Jugendamt aufmerksam geworden sei. Die symbiotische Beziehung zwischen Mutter und Sohn sei deutlich geworden.

Zu Beginn des Aufenthaltes habe Frau S. Tobias immer wieder geschrieben oder angerufen, aber er habe nicht reagiert. Er habe sich in seiner Pflegefamilie gut eingelebt und sich mit dem leiblichen Sohn angefreundet. Durch die Erlebnisse, seine Mutter mit aufgeschnittenen Adern gesehen zu haben, sei er wohl sehr erschüttert. Er zerreiße die Briefe seiner Mutter nicht, sondern lese sie heimlich. Sie bestätigte, dass sie sich nicht über die positive Entwicklung von Tobias freut. Lieber wäre ihr, er wolle zu ihr zurück. Gleichzeitig habe sie große Schuldgefühle, ihn abgegeben und ihm so viel zugefügt zu haben.

Tiefenpsychologisch fundiert wird berichtet, dass Frau S. ihre Mutter idealisiere und Hassgefühle darüber, dass sie nicht bekommen habe, was sie sich gewünscht habe, nicht gut zulassen könne. Ebensowenig bei ihrem Vater. Er habe sie so malträtiert, dass sie keinen anderen Ausweg sah, als ihn umzubringen. Sie tauche in eine Schuldschraube ein, erlebe sich als größten Versager, der dafür büßen müsse. Schnittverletzungen seien eine Aggressionsabfuhr, die nicht lange anhalte. Frau S. habe lediglich Kontakt zu Verwandten, zum Beispiel zu ihrer ältesten Schwester. Sie achte wenig auf ihr Äußeres.

Nach verhaltenstherapeutischem Vorgehen werde Frau S. bei jeder Selbstverletzung in die Klinik eingewiesen, mit großem Erfolg. Ihr Bemühen um Aufmerksamkeit durch Schwindel-, Wut oder Ohnmachtsanfälle trete umso weniger auf, je weniger das Betreuungspersonal der gezeigten Symptomatik Aufmerksamkeit schenke. Bei einer Kündigung wegen Tablettenmissbrauch habe sie sich allerdings für ein Dableiben einsetzen können und so gelernt, inneren Druck besser auszuhalten.

Die Therapie beschäftigte sich mit folgenden Inhalten: Früher Tod der Mutter, Schuldgefühle wegen des Mordes am Vater, Verlassenheitsängste und Versagen in der Mutterrolle.

Zum Abschluss wird gesagt, dass sie durch die Gespräche Entlastung erfahren habe, die sie befähige, sich mit ihrer Vergangenheit auseinanderzusetzen. Dennoch werde sie sicherlich noch einige Jahre brauchen, ehe sie in der Lage sei, mit geringerem Betreuungsaufwand zurechtzukommen.

Die Therapie - Weihnachten und Runder Tisch

Was für eine einfühlsame Einschätzung.

Eine ferne Hoffnung für die Zukunft. Ich erkenne vieles wieder. Schon damals zeigt sich das aufwändige Bemühen um Aufmerksamkeit. Und auch inhaltlich dieselben Themen wie heute. Es zeigt sich eine Frau, die ihr Leben nicht in der Hand hat, die Nähe sucht und sich nur traut, dem Bedürfnis nachzugehen, indem sie sich betrunken vor die Tür legt, plötzliche Anfälle bekommt oder indem sie sich Verletzungen zufügt. Meiner Meinung nach testete sie keine Belastbarkeit, sondern brauchte etwas und hatte keine andere Idee, wie sie es aushalten oder bekommen könnte. Deutlich in Erinnerung hat sie den Leiter, der mit ihr gesprochen hat, und ihre Scham über ihre Bedürfnisse. Nach vielen teilweise elenden Jahren ist Frau S. heute ihrem Ziel tatsächlich näher. Sie lebt alleine, braucht keinen Partner, keinen Alkohol, keine ständigen Exzesse und kann in ihrem Rahmen mehr steuern. Sie hat immer mal wieder den Kopf über Wasser. Mehr nicht.

Frau S. ist 40 Jahre, als sie das Bodelschwingh-Haus verlässt.

***

Nach Weihnachten konnte Frau S. einige Stunden nicht kommen. Es war ihr alles zu viel. In der Therapie und zu Hause, Nachbar, Freund und Tochter, und an Weihnachten muss sie an viele tote Menschen denken. Eine Freundin und ein Freund, mit denen sie nie wieder Weihnachten feiern kann. Sie kommt weitere zwei Monate nicht. Sie wollte nicht kommen. Schon die Praxis erinnert sie an Kindheit, Missbrauch, Schweres. Deswegen war eine Pause gut. Jetzt will sie weitermachen, aber bitte vorsichtig. Es wäre gut, wenn ich mit darauf achten könnte. Ich kann es versuchen, kann öfter fragen. Und wir schauen, was an Therapie hier möglich ist. Ja, sie will lernen, sich mehr zu berücksichtigen, hier mit meiner Hilfe danach zu gucken, ob ihr etwas zu viel ist. Dennoch ist sie weiterhin hin und her geworfen. Sie ist näher an ihren Gefühlen dran. Es ist mehr spürbar, wenn sie sagt, dass es ihr zu viel ist, wenn Schwester Karin sie lobt. Und es ist nicht mehr unaushaltbar.

Sie hat etwas Neues gewonnen und will das Alte nicht loslassen. Sie berichtet, dass sie sehr traurig gewesen sei. Sie wünschte sich, hier ihre Verletzungen zu zeigen, die Verbände abzumachen. Wenn die Ärzte verbinden, fühlt es sich schön an. Dann spürt sie Zuwendung. Sie will hier absolute Zuwendung. Ich sage: Wenn ich auf ihre Verletzungen schauen würde, würde es mir wehtun. Ich wäre damit beschäftigt und nicht mehr offen für anderes. Ich könnte mich ihr nicht mehr frei zuwenden, sondern hätte das Bedürfnis, mich zu schützen. Und auch, dass dies die Zuwendung ist, die ihr vertraut ist. Vor anderer Zuwendung hat sie Angst? Noch, aber vielleicht kann sie es wagen?

Ein Runder Tisch mit dem langjährigem Finanz- und Aufenthaltsbetreuer, dem Leiter des Gesundheitsamtes, der Betreuerin vom Ambulanten Betreuten Wohnen, dem Leiter und der Bezugspflegerin der Ambulanten Psychiatrischen Pflege, mit mir und Frau S. findet statt. Zunächst hat Frau S. viel Angst, aber dann bekommt sie vor allem von den langjährigen Betreuern sehr viel positive Rückmeldung: Nach wie langer Zeit sei nun der Kreislauf der ständigen Klinikaufenthalte unterbrochen. Und auch der häufigen Wundbehandlungen nach Schnittverletzungen. Dies sei eine wahnsinnige Leistung. Sie erhält Unterstützung gegen die Leiterin des ambulanten Pflegedienstes, die zu wenig Erfolge sieht. Der Amtsleiter reagiert pragmatisch: man müsse die Entwicklung vor dem Hintergrund des gesamten Lebens von Frau S. sehen. Die Bezugspflegerin äußert, dass sie die ehrliche Art von Frau S. schätze.

Beim nächsten Termin, knapp zwei Jahre nach Therapiebeginn, sagt mir Frau S. das erste Mal, dass sie sich nicht mehr schneiden will. Sie traue sich kaum, es laut zu sagen. Sie kann es schwer glauben, kaum aushalten, dass die Leute so nett zu ihr sind und immer sagen oder zeigen, dass sie sie gerne mögen.

Es wird noch eine Zeit dauern, in der Frau S. immer wieder Rückfälle erlebt und sich doch wieder schneidet. Aber es wird immer deutlicher, dass sie es nicht will. Es wird ihr selbst zunehmend deutlicher, dass sie sich selber verletzt, immer dann, wenn es etwas auszuhalten gibt. „Wieso tue ich das? Ich tue ja nur mir selber etwas an." Sie sucht nach anderen Entlastungsmöglichkeiten. Laut Musik zu hören, das kann entlasten.

Das Gefühl, sich nicht verletzen zu wollen, wird ganz langsam stärker. Sie wächst von innen.

Unschätzbar sind die guten Kontakte zu ihrer Betreuerin vom Betreuten Wohnen und zum Psychiatrischen Pflegedienst, der drei Mal täglich kommt. Mir alleine hätte sie nie geglaubt. Auf die Aussage von Schwester Karin kann ich mich immer wieder beziehen und sie ergänzen: „Ich finde auch, dass Sie aufrichtig sind. Ich mag Sie, weil Sie sich ernsthaft bemühen, nicht aufgeben, weil Sie sensibel sind und sich Ihre eigenen Gedanken machen."

Es ist eine große Hilfe, eine wichtige Bestätigung, dass ihre Betreuerin und ihre Hauptpflegerin sie ernst nehmen und mögen. Anders als die Leiterin des Pflegedienstes, die sie lieber erziehen will. Darauf reagiert sie sehr empfindlich.

Wir vereinbaren vierzehntägige Termine. Es fallen immer wieder Termine aus, doch bei weitem nicht so viele wie in den letzten zwei Jahren.

Tanja zieht in eine eigene Wohnung. Das ist traurig, aber sie macht sich Gedanken, wie sie es bewältigen kann. Sie hört Musik, schaut viel fern.

Die Therapeutin - Vertrauen

In der Therapie hat Vertrauen eine große Bedeutung.

Klienten haben oft kein Vertrauen zu sich und anderen. Nicht nur Frau S., sondern viele andere auch. Oft ist ihnen nicht bewusst, wie sehr es ihnen fehlt. Früher hörte man in einer Therapie häufiger den Satz: „Sie müssen mir schon vertrauen, sonst kann die Therapie nicht wirken." Das ist Unfug. So kann Vertrauen nicht entstehen. Ich als Therapeutin muss voran gehen. Ich muss vertrauenswürdig sein und darauf vertrauen, dass mein Klient ehrliche Bedürfnisse hat, verstehbar ist. Wieso sollte er oder sie sonst zu mir Vertrauen entwickeln?

Das heißt natürlich nicht, dass ich jeden Blödsinn mitmachen muss. Wenn jemand erzählt, dass immer die anderen unfair sind und Schuld an seinem Unglück, kann ich auch sagen: „Mir fällt da was auf: So einseitig kenne ich es nicht. Mit einem solchen Blick, mit dieser Konzentration auf die Stärke der anderen und der Wahrnehmung von sich selbst als schwach, kann sich wenig verändern. Wie fühlt es sich an, immer derjenige zu sein, der ungerecht behandelt wird?" Oder auch: „Trinken Sie vielleicht regelmäßig oder nehmen Sie andere Drogen?" Aber es muss klar sein, dass auch das in Ordnung wäre – er oder sie muss keine Therapie machen, wenn er es nicht möchte. Es kann ja auch sein, dass gerade erst klar wird, dass es auch andere Möglichkeiten gibt, als zu trinken. Oder leider noch einen Schritt davor, dass es zwar ein weitreichendes Unwohlsein gibt, aber sonst noch nicht viel klar ist. Und der Klient sich dafür schämt und es verbergen will.

Die Möglichkeit der Lüge schreckt mich nicht. Das ist nicht mein Problem. Es ist nicht wichtig, ob ich belogen werde, es geht nicht um mich. Aber ich kann deutlich machen, dass es anstrengend ist, etwas zu verbergen und dass es bedeutet, damit zu rechnen, wegen irgendetwas abgelehnt zu werden. Die Richtlinien lehnen Therapie bei Drogenkonsum ab. Aber das ist ein anderes Thema. Wir können uns über eine vertrauensvolle Beziehung unterhalten und sie gleichzeitig ausprobieren. Dann werden wir merken, wo es hakt. Lügen ist eine Vertrauensfrage. Es ist nicht so unwahrscheinlich, dass sich jemand nicht traut, alles zu sagen oder es selber nicht wissen will. Mein Job ist es, mehr zu sehen als mein Gegenüber. Dafür muss ich mich vor allem selber ernst nehmen.

Zum Beispiel bei dem Thema Suizid. Ich halte nichts von Verträgen: „Solange Sie hier sind, unterschreiben Sie, sich nichts anzutun." Es reicht doch deutlich zu machen: „Anscheinend gibt es zwei Meinungen in Ihnen. Eine, die sagt: „Ich kann es nicht mehr aushalten, ich will nicht mehr leben." Und eine andere, die in die Therapie kommt und hofft: „Geht es vielleicht doch besser?" „Was, wenn Sie die falsche Entscheidung treffen?" „Spüren Sie, wieviel Kraft es kostet, jeden Tag diese Frage neu zu überdenken: Soll ich es tun oder soll ich nicht?" Selbst Selbstmordgedanken sind ein „normales", ein reales Problem, sie kommen im Leben nicht weniger Menschen vor. Es finden sich viele Belege in der Literatur, Kunst, den Nachrichten. Immer wieder stelle ich fest, dass es wichtig ist, Not gemeinsam auszuhalten.

Dann kann Vertrauen entstehen. Dass der Therapeut keine Angst hat, mich wirklich aushält, mir keinen Schmuh erzählt, meine Ängste, Schmerzen, aber auch meinen Lebenswillen erkennt und dass er ernsthaft an meinem Wohlergehen interessiert ist und vielleicht auch noch etwas anzubieten hat.

Ja, es gibt die Möglichkeit zu einer solchen Entscheidung und sie kann sehr entlastend sein. Versteht jemand wirklich, wie unerträglich die Situation für ihn ist, kann es erträglicher werden. Wenn ich mich ernsthaft mit meinen Möglichkeiten beschäftige und feststelle, dass es keine eindeutige Entscheidung gibt, auch nicht für den Suizid, dann kann ich Kraft gewinnen, mich um mein Leben zu kümmern. Häufig will sich jemand nicht wirklich etwas antun, sondern nur dieses Leid, diese Schmerzen nicht mehr aushalten. Gefangen in diesem Konzept geht es jedoch nur einen Schritt vor und zwei zurück: „Natürlich will ich, dass es mir gut geht" und: „Nein, so wichtig bin ich doch nicht!" Das kann ich deutlich machen.

Meine Möglichkeiten, einen Suizid zu verhindern, sind begrenzt. Aber Vertrauen ist ein starkes Band, eine große, heilsame Kraft. Jemand, der einen Menschen weiß, dem er wirklich vertraut, ist weniger allein.

Vielleicht lohnt es, für einen begrenzten Zeitraum, ein oder zwei Jahre, zu probieren, nicht jeden Tag zu grübeln, „Soll ich oder soll ich nicht?", sondern ernsthaft zu versuchen, etwas zu verbessern, sich wichtig zu nehmen? Und wir achten gemeinsam darauf, ob das auch geschieht.

Frau S. konnte niemandem vertrauen. Die Hauswartsfrau, die für Frau S. und ihre Geschwister gekocht hat, hat hingesehen. Herr Schneider aus dem Wohnheim hat sich wirklich interessiert und versucht sie zu verstehen, ihre Schwester Barbara hat immer Kontakt gehalten. Zu wenig, zu spät, zu unsicher, aber immerhin ein Anfang.

Frau S. - Selber leben mit Psychiatrie

Ich wollte weg von dem Heim. Ich hatte in der Klinik, in der Psychiatrie einen Mann kennengelernt und bin zu ihm gezogen. Das hielt nicht lange. Aber dann habe ich einen anderen kennengelernt, auch in der Cafeteria, Werner. Wir waren lange zusammen, fast sechs Jahre. Zuerst hatten wir eine gute Zeit. Wir haben zusammen gewohnt, er ging arbeiten und ich war zu Hause, so wie andere auch. Er ging in eine Behindertenwerkstatt, da konnten sie zwischendurch auch mal schlafen. Aber er ist hingegangen und hat Geld verdient. Er war fleißig. Das fand ich toll. Mir hat er im Haushalt geholfen, wenn ich es nicht geschafft hab. Ja, er hat immer getrunken, ich nur am Wochenende, wenn auch andere da waren. Aber es war o.k. Ich habe eher Tabletten genommen. Ich hatte ja schon viel Zeugs von der Klinik. Aber ich habe auch oft die Medikamente gesammelt und verkauft oder mir etwas besorgt.

Ich war oft in der Klinik in der Zeit. Wenn wir uns gestritten hatten, wenn er mich geschlagen hat und ich geschnitten hatte. Dort habe ich viele Leute kennengelernt. Es ist auch traurig. Ich habe dort meine beste Freundin und andere Freunde kennengelernt.

Ich war in meinem Leben über 30 Mal in der Psychiatrie, mal länger, mal kürzer. Es gab nur Strafen und Belohnung, Strafen und Belohnung. Ein bisschen wie im Knast. Ich habe alles erlebt. Fixierung, festgeschnallt, überall, Arme und Beine. Das ist ein furchtbares Gefühl. Vollkommen ausgeliefert. Aber sie mussten es ja tun, wegen dem Schneiden. Und immer wieder Medikamente erhöht. Wie viel Medikamente habe ich da bekommen. Aber es waren auch nette Menschen dabei. Ich war auf der geschlossenen Station und der offenen. Nachher auf einer offenen Langzeitstation. Ich war ja so lange da, ich gehörte da irgendwie dazu. Manche Schwestern oder Pfleger waren hart. Die habe ich gehasst. Aber einige waren, ... ich hatte eine Bezugspflegerin, die hat mich ... schon irgendwie gemocht, ... glaube ich.

Ich habe immer wieder geschnitten. Irgendwie war das gut. Dann kamen sie und haben sich gekümmert. Sie haben mich berührt. ... Sie müssen das ja tun. Sie müssen ja einen Verband machen und den immer wieder wechseln. Und dann berühren sie einen.

In der Klinik habe ich den Doktor Pfeiffer kennengelernt. Es war immer schön, wenn er Wochenenddienst hatte. Mit ihm konnte man reden. Wir haben etwas erzählt. Und dann musste ich nicht so schneiden. Das hat auch geholfen. Er ist noch lange Jahre mein Psychiater gewesen, als ich draußen war.

Es gab auch einen Psychologen, zu dem bin ich zu Gesprächen gegangen. Aber das war nicht dasselbe, es war nicht so wichtig. Ich habe immer gedacht, ich brauche das alles nicht.

Sie haben mir einen Platz in einer WG angeboten, da musste jeder einmal Küchendienst tun, aber wenn ich dran war, habe ich nichts gemacht. Ich konnte nicht und wollte nicht. Ich konnte nichts daraus machen.

Mit meinem Freund wurde es immer schlimmer. Er hat immer mehr getrunken, harte Sachen, den ganzen Tag. Dann wurde er immer aggressiver. Und hat so Anfälle bekommen. Er hat mich geschlagen, auch mit der Bratpfanne und gewürgt. Ich bin in so ein Frauenhaus, Mutter-Kind-Haus. Ich kenne das alles.

Die haben gesagt, die meisten Frauen gehen wieder zurück. Und das stimmt ja tatsächlich. Wieso machen sie das? Aber ich habe es ja auch gemacht. Es hat lange gedauert. Die Ärzte haben gesagt, er hat ein Delirium.

Er ist am Alkohol gestorben, mit 36.

Die Therapie - Ein längeres Hoch

Es geht Frau S. gut. Sie erlebt, dass sie mit ihrer Tochter Tanja über die Ermordung ihres Vaters und den Missbrauch sprechen kann. Tanja kann es anders sehen als ihre Geschwister, mehr verstehen. Frau S. erlebt nun deutlicher, wie es sich anfühlt, wenn jemand mit Schnittverletzungen an den Armen vor einem steht. Das hätte sie nie gedacht. Nach einigen Monaten hört Tanja auf, sich zu schneiden, das ist ein großes Erfolgserlebnis. Sie kann es wahrnehmen und kurz aushalten. Sie kann auch Schwieriges benennen. Zu hören: Sie sind liebenswert, macht sie aggressiv. Ja, sie hat erlebt, dass dabei Schlechtes passieren kann.

Nach einer kurzen guten Zeit bricht bei Tanja eine Psychose aus. Es ist nicht das erste Mal, aber es belastet Frau S. sehr. Die Schuldgefühle werden wieder stärker. Sie will sich nicht schneiden. Sie merkt, dass sie sehr viel Fernsehen schaut. Familiengeschichten, Soaps. Es ist sehr schön, die Sendungen zu sehen. Sie fühlt sich geborgen, ein bisschen so als ob sie es dann auch hätte. Aber nachher fühlt sie sich oft schlecht, wie bei einer Droge. „Ich werde so etwas nie erleben." Sie sieht den Zusammenhang, aber sie kann es nicht steuern.

Nach den Sommerferien meldet sie sich wieder länger nicht. Dann erzählt sie. Von einem auf den anderen Tag, hat Schwester Karin ihre Tour[30] geändert. Das hat sie sehr mitgenommen. Zuerst hat sie sich geschnitten und ist nicht zu mir gekomen. Dann wollte sie kommen und ich war in Ferien. Nach einer Weile ist sie zu Frau Roth gegangen. Es hat geholfen mit ihr zu sprechen und sie haben sich überlegt, Schwester Karin anzurufen oder ihr einen Brief zu schreiben, um zu fragen, wieso sie nichts gesagt hat und um sich zu verabschieden. Das klingt alles gut, aber es fällt ihr sehr schwer.

Eine Woche später hat sich Frau S. vor Wut geschnitten und sich anschließend sehr geschämt. Sie ist sich wieder sicher: Wir sind doch jetzt sicher alle enttäuscht von ihr? Kann sie mich fragen? Ich finde Rückfälle normal. Sie lernt schnell, aber sie kann sich sehr wenig für sich selber einsetzen. Dann kann es eng werden. Hat sie etwas belastet? Die Frage, wieso Schwester Karin nicht mehr kommt? Etwa wegen ihr? Kann sie sie fragen? Sie erfährt, dass der Pflegedienst die Tour geändert hat, weil es in der Gegend häufiger Ärger mit männlichen Patienten gab. Dieser Grund sollte den Patienten nicht gesagt werden. Das heißt also, dass sie sich über die Leitung des Pflegedienstes geärgert hat, und sie kann diesen Ärger nicht nach außen bringen.

Es gelingt ihr, regelmäßiger zur Therapie zu kommen, ein Versuch, den Verlust zu bewältigen. Der Einsatz von Frau Roth, ihrer Betreuerin, hat sie wieder sehr berührt. Sie versucht, mehr ins SPZ zu gehen bzw. wird von einer Praktikantin geholt, und es ist überraschend schön. Mit anderen zu frühstücken. Sich nicht zu schneiden, fällt gar nicht so schwer. Sie fährt die Hälfte des Weges zu mir alleine und geht nachher noch spazieren. Und sie guckt jetzt öfter Tierfilme. Sie freut sich so sehr.

Frau S. dekoriert mit einfachen Mitteln ihren Tisch und freut sich sehr, wenn jemand von den Betreuern es bemerkt und sie lobt. Sie genießt es, über Alltägliches zu reden oder über Politik. „Was die Merkel und die immer machen." „Aber dann bin ich auch immer wieder verzweifelt, wenn alle das für selbstverständlich halten, wenn mich keiner lobt, keiner sieht, wie schwer das ist, dass ich mich nicht mehr schneide und all das. Das ist es nämlich nicht."

Sie will die Medikamente absetzen. Das wollte sie schon immer mal. Ja, aber das kann auch dazu führen, dass sie mehr spürt und aushalten muss. Vielleicht den professionellen Rat der Psychiaterin nutzen?

Es kommt eine mehrmonatige gute Zeit, nach gut zwei Jahren und ca. 70 Stunden durchgeführter Therapie und unzähligen ausgefallenen Stunden.

Die Therapeutin - Interesse und Erkenntnis

In meiner Lehrtherapie war für mich das Sichtbarwerden meines Therapeuten, sein Interesse, seine Gedanken und Zweifel, die Eintrittskarte in die therapeutische Arbeit. Ich wollte keine professionelle distanzierte Therapeutenbeziehung. Ich wollte wissen, was hier los ist. Das war mir wichtig. Die Unterstützung dabei, die Fragen, die mir wichtig waren, auch stellen zu können, eröffneten mir eine neue Welt.

Und genau dieses Interesse war die Überleitung zu meinem System, zur Erkenntnis über meine Weltsicht, meinen blinden Passagieren, meinen mir nicht bewussten aber tragenden Haltungen, meiner Wut, meinen Ängsten und meiner Scham. Meine Missachtung und Kritik bekam der Therapeut zu spüren: „Was bist Du denn für einer? Dich kann ich nicht ernst nehmen. Da eine Schwäche. Wie peinlich." Er merkte es an meinem Blick, den angespannten Schultern, dem starren Unterkiefer und fragte nach. Seine goldenen Türklinken und sein schnelles Auto schienen mir der sichere Beleg für seine unsensible, begrenzte, wenig vertrauenerweckende Persönlichkeit.

Hinter meiner geladenen Pistole und verborgen unter dem Mantel der Resignation fand er meine Hoffnung, verstanden zu werden, nicht alleine zu sein. Er zeigte mir, wie hart ich urteilte und so doch nur meine Hilflosigkeit zementierte. Woher wusste ich, wofür die Türklinken standen? Vielleicht für Unsicherheit? Wie finde ich heraus, ob jemand vertrauenswürdig ist? Vielleicht indem ich mir klarmache, dass es mir genau darum geht? Darf ich in Ruhe misstrauisch sein, aber kann ich auch die Erfüllung meiner Wünsche für möglich halten? Kann ich es ansprechen?

Und noch ein kleines bisschen schwieriger ist die Arbeit am eigenen Abschuss, an der Abwertung von sich selbst. Damals war ich Single. In der Lehrtherapie erkannte ich, wie weitreichend meine Überzeugung ging, dass dies ein Zeichen meiner Unannehmbarkeit, eines inneren Makels sei. Ich erinnere eine mir unangenehme Episode, in der ich mich auf einen Flirt eingelassen hatte, den ich im Nachhinein als plump und wenig schlau erlebte. Wie leicht war es, meine Bedürfnisse zur Seite zu schieben, es als ausgemachte Sache anzusehen, dass es in diesem Leben nichts mehr wird mit einer befriedigenden Partnerschaft. Und dennoch war es auf verquere Weise tröstlich, mich in einer Gemeinsamkeit zu wähnen mit anderen, die Singles ebenfalls nicht attraktiv finden. Diese Sicherheit sollte ich verlassen, um zu mir und meinen Bedürfnissen nach Nähe stehen zu können, selbst wenn keine Abhilfe in Sicht war?

Vorsichtig interessant wurde die Möglichkeit dazuzugehören, zur Großgruppe der menschlichen Wesen, die intensive Bedürfnisse nach Nähe oder auch nach körperlicher Nähe haben können und eine ausbleibende Befriedigung als schwer erträglich und leicht als beschämend empfinden können. Keine Abhilfe, aber mehr Luft zum Atmen. Ein anderes System. Nachsicht, mit anderen und mir selbst, ein realistischeres und differenzierteres Bild von Anderen und mir selbst, eine buntere Welt, mehr von mir und anderen.

Wenn ich in einem Punkt erleben kann, wie ich mich selber missachte, nicht an mich glaube, nach innen resigniere und nach außen schieße, wie noch eben geäußerte Ziele und Wünsche plötzlich keine Bedeutung mehr haben und wie sich das dennoch insgesamt noch gut genug anfühlt, um daran festzuhalten, dann ist das eine Erfahrung, die berührt, die man so leicht nicht vergisst.

Diese Erfahrung, wie leicht ich mir selber Unterstützung aufkündigen kann, wie rasch, still und unauffällig ich mich selber über die Klippe stupsen, abschießen kann, ist die Basis für meine therapeutische Arbeit, für die Möglichkeit, andere Menschen zu verstehen. In der Therapieausbildung ist das die Selbsterfahrung. Ich habe keinen Missbrauch erlebt und bin in einer halbwegs intakten Familie aufgewachsen, aber ich kann dennoch vieles bei Frau S. gut verstehen. Es gibt ähnliche Themen: Missachtung, Verurteilung, Resignation, verzweifeltes Sehnen und im Zweifel gegen sich selbst.

Ähneln wir uns zufällig und ich kann sie deswegen gut verstehen? Oder schlagen wir uns alle mit ähnlichen Fragen herum? Sind vielleicht gerade unsere Erfahrungen unsere stabilste Grundlage? Eine solche Frage wird von Psychologen, professionellen Helfern und Klienten oft gleichermaßen als unprofessionell abgelehnt. Zu unangenehm die Nähe mit dem vermeintlich Kranken.

Ja, theoretisch kann ich die Frage nach dem wohlwollenden Blick auf den Patienten stellen, nach einer durchgängigen Haltung, sich verstehen und wertschätzen zu wollen, ohne zu erwähnen, dass auch ich mich mit diesen Themen immer wieder selber herumschlage. Aber ist es wirklich hilfreicher?

Frau S. - Meine eigene Wohnung

Tanja hat sich immer um mich bemüht, sie ist mir immer hinterhergelaufen. Auch als ich gar nichts von ihr wissen wollte. Ich wusste das ja nicht, ich dachte, sie wäre bei ihrem Vater gut aufgehoben. Später hat sie es mir mal erzählt. Sie musste immer alleine auf ihrem Zimmer sitzen. Als sie 16 wurde, ging sie weg, in ein Ausbildungsheim. Ab da hat ihr Vater sich nicht mehr um sie gekümmert. Sie hat Bürogehilfin oder so etwas gelernt. Das hat sie eigentlich ganz gut geschafft. Und auch noch ein paar Jahre gearbeitet. Arbeiten hat ihr eigentlich gut getan.

Da stand sie plötzlich im Besucherzimmer, auf der Geschlossenen. Als Kind. Damals durfte man unter 18 Jahren nicht auf die Geschlossene. Sie war von ihrem Heim aus, das waren 20 Kilometer, mich suchen gegangen. Ich habe sie eigentlich immer getroffen. Von Charlottenburg aus habe ich sie manchmal am Wochenende in der Wohnung einer Freundin getroffen. Mit meinem Freund hat sie sich auch verstanden. Später nicht mehr.

Als ich dann eine eigene Wohnung im Wedding hatte, war sie oft zu Besuch und hat bei mir gewohnt. Aber dann ging's ihr auch schlechter. Sie hat nicht mehr gearbeitet. Wie ich ja auch nicht. Ich war kein gutes Vorbild. Sie hat Drogen genommen und so. Wegen ihr habe ich meine Wohnung verloren. Ein Freund von ihr hat mein Fenster eingeworfen, vollgedröhnt und im Streit. Sie war auch im Gefängnis. Eigentlich keine schlimmen Dinge. Einmal war sie wegen Drogenbesitz verurteilt und konnte die Tagessätze nicht bezahlen.

Später hat sie in Portugal 'ner Frau die Handtasche geklaut. Sie haben sie gefasst und ins Gefängnis gesteckt. Und dann haben sie mich angerufen, damit ich für die Überführung nach Deutschland 2000,- DM bezahlen soll. Denen habe ich gesagt, „Bei mir ist nichts zu holen, da müssen Sie den Vater anrufen." Ja, er hat das Geld auch bezahlt.

Ich hatte fast zehn Jahre eine beste Freundin. Sie war immer guter Laune und war für alle da. Ihr Mann hatte 'ne Psychose. Ganz plötzlich hat sie sich das Leben genommen. Sie war schon depressiv. Aber wir hatten überhaupt nicht damit gerechnet. Ich habe es wohl nicht ernst genug genommen. Das war wirklich schlimm.

Ich habe viele Leute sterben gesehen. Viele, die ich in Charlottenburg kennengelernt habe, haben sich das Leben genommen. Einer hat sich verbrannt.

Auch in meiner Wohnung im Wedding, da kamen eines Tages aus dem Stockwerk über mir Füße herunter, bis vor mein Fenster und blieben da. Der Mann hat sich wohl festgehalten, ein paar Minuten. Ich konnte nichts machen, gar nichts. Er hing da und dann ließ er sich fallen. Ich saß nur da. Hab keinen Notarzt gerufen. Das haben andere gemacht. Er ist noch im Wagen gestorben. Ein alter Mann. Er trank auch, aber das hätte keiner gedacht.

Ich konnte eigentlich nicht alleine sein. Ich hatte immer einen Freund. Und alle meine Freunde waren jünger als ich. Der letzte war halb so alt wie ich. Das konnte ja nicht gut gehen, er war ja noch ein Junge. Was hat er alles gemacht, Drogen, Hehlerei, Diebstahl, Gefängnis und meine Wohnung in Brand gesetzt. Dabei ist alles verbrannt. Alte Fotos. Alle meine Sachen. Und ich war obdachlos.

Die Therapie - Geborgenheit, zwei Jahre nach Therapiebeginn

Wenn Frau S. etwas bewältigt hat oder ein Stück Geborgenheit für sich selbst annehmen konnte, freut sie sich sehr. Sie freut sich auch dann noch, wenn es schon nicht mehr ganz so stabil ist, damit es vielleicht, bitte, noch etwas länger bleibt. Bevor es dann doch überraschend plötzlich verschwindet. In den guten Zeiten ist es ihr möglich, über die Vergangenheit zu sprechen. Da sie immer noch nicht „Nein" sagen kann, kann sie in der Therapie zwar immer wieder etwas Neues verstehen, sich selber besser verstehen, aber es passiert auch immer wieder, dass es ihr zu viel wird und sie nicht Stopp sagen kann.

Wenn sie im Fernsehen Familienserien schaut, geht es ihr anschließend schlecht. Sie muss an ihre Geschwister denken, die sie hassen. Das ist Realität, anders als die Serien. Aber wie ist es genau? Hassen alle sie? Bisher hat sie oft erzählt, dass Leute sie ablehnen, und dann war es doch anders. Zum Beispiel der Mann vom Gesundheitsamt, früher die Gutachter, ihre Betreuer, ich. Vielleicht ist es bei den Geschwistern auch anders? Und sie selber lehnt sich am meisten ab? Sie empfindet Hass gegen den Vater, ihr ist kalt und sie zittert.

Frau S. hat sich geschnitten, nachdem ihre älteste

Schwester angerufen hat. Sie ruft immer wieder mal an. Mit der Stimme tauchen alte Erinnerungen auf. Sie kann immer noch kaum glauben, dass ihre Mutter wirklich versucht haben soll, ihr eigenes ungeborenes Kind zu töten. „Mit einer Stricknadel, im 8ten Monat!"

Und ihr Bruder hat gedroht, sie umzubringen. Wann? Heute? „Nein, als er mich einmal bei meiner Schwester getroffen hat, als die Kinder klein waren."

Ja, es gibt Anzeichen dafür, dass vieles nicht gut war. Dass ihre Mutter nicht gut war. Bei ihrer Gerichtsverhandlung habe die Frau des Hauswartes ausgesagt, dass sich keiner um sie gekümmert habe, dass sie oft nichts zu essen bekommen hätten, und sie deswegen für die Kinder gekocht habe. Aber noch will sie ihre Geschichte nicht hören. Bald ist wieder Weihnachten. Eine schwere Zeit.

Frau S. versteht sich sehr gut mit ihrer Betreuerin Frau Roth. Sie hat sie so unterstützt und ist so nett zu ihr. Am liebsten möchte sie sie mit Haut und Haaren auffressen. Sie lacht. Oder mit zu ihr nach Hause gehen, oder eine WG gründen. Frau Roth kann sie verstehen, sie mag sie auch sehr, aber sie möchte lieber, dass sie aktiver im SPZ wird. Das ist ein Ziel im Hilfeplan, der für den Antrag auf Betreuung immer wieder neu vereinbart werden muss. Frau S. hat zugestimmt, natürlich. Aber hm, sie will nicht. Frau Roth gibt sich große Mühe, sie immer wieder ins SPZ zu bewegen, und Frau S. kann nicht sagen, dass sie nicht will, also klappt es immer wieder nicht. Das wird irgendwann kollidieren. Da habe ich es leichter. Ich muss nichts wollen. Für mich muss Frau S. nichts tun.

Es geht immer wieder darum Nein zu sagen. Sie kann es so schlecht. Es geht einfach nicht. Sie nimmt sich ihre fehlenden Fähigkeiten sehr übel. Und ich halte dagegen. Darf sie so sein? Kann man es nicht auch verstehen? Sie hat gelernt auszuhalten, Schmerzen auszuhalten, aber sie hat nicht gelernt, sich zu wehren. Nicht im direkten Kontakt. „Nein Du, das möchte ich nicht." Bei Missbrauch lernt man, sich selber schlecht zu fühlen und dies auszuhalten. Man kann sich nicht wehren. Die Armee, die Scham und die schwach entwickelten Teile.

Die Therapeutin - Verdrängen und Kräfte

Etwas verdrängen zu können, ist eine Möglichkeit des Seelischen, ein Zuviel zu bewältigen. Unsere Psyche ist sehr dehnbar. Wir können sehr viel aushalten, viel überleben, eine Menge beiseite drängen. Zum Beispiel wenn im Krieg, im Schützengraben neben uns, unser bester Freund erschossen wird. Eine angemessene Reaktion wäre zu schreien und zu weinen. Aber das zu tun, würde uns selber das Leben kosten. Also wird der gesamte Komplex, Gefühle, Bilder, Gedanken, alles, sofort blitzschnell beiseite geschoben. Er ist aber nicht weg, sondern kommt wieder, sobald es ruhiger ist. Und dann sollte ich mich damit beschäftigen. Sonst drängt es immer wieder nach vorne, in unbeobachteten Momenten oder gerade dann, wenn es mir besser geht.

Dasselbe passiert, wenn wir als Kind psychisch nicht aushaltbare Situationen erleben. Wir schieben den

Komplex beiseite und versuchen so gut wie es geht daran vorbei zu kommen

Bei der Herausforderung, dem Nachbarn die Tür zu weisen, kommen beim Durchscannen der eigenen vorhandenen Muster keine hilfreichen Vorlagen. Es kommen vage, verdrängte, schmerzhafte Erinnerungen daran, dass Grenzen weit übergangen wurden, dass sich wehren unangenehme Konsequenzen hatte. Stillhalten, abschalten, besser nicht daran denken. Frau S. sagt immer wieder, sie könne anderen nicht wehtun, da würde sie sich sehr schlecht fühlen. Richtig verstehe ich das noch nicht. Will sie keinesfalls so sein wie die Männer? Sondern mehr wie ihre Mutter? Aber das hilft ihr auch nicht weiter.

Ein Dilemma. Es dreht sich im Kreis. Die Kraft geht immer wieder gegen sich selbst.

Als Bild für die Kräfte im eigenen Ich verwende ich oft das Bild eines Heeres. Angesichts eines Feindes, einer Herausforderung, wie beispielsweise dem Nachbarn die Tür zu weisen, gibt es einige, die wie gelähmt sind, ängstlich sich verkriechen und sagen: „Das schaffen wir sowieso nicht, lasst es bleiben", weil sie entsprechende Erfahrungen gemacht haben. Andere sagen: „Das können wir uns keinesfalls bieten lassen, wir müssen kämpfen und Krach schlagen." Schnell entsteht Chaos, Wut richtet sich gegen die nicht kämpfenden Teile, sie sind leichter zu erreichen. Der General, also das Bewusstsein, das gefühlte Ich, sieht die Bedrohung und das drohende Scheitern, er bekommt Angst, schämt sich des Desasters und wendet sich weg: „Wie blöd ist diese Truppe denn, mit denen will ich nichts zu tun haben." Das entlastet den Anführer! Kurzfristig. Leider nur sehr, sehr kurzfristig. Die Wahrheit drängt sofort wieder rein. Und muss wieder weggedrückt werden. Durch diesen Aufwand erscheint das Bedrohliche immer bedrohlicher. Zum Konflikt mit dem Nachbarn addiert sich das eigene Drama.

Für mein Wohlbefinden, meine Tatkraft und das Erleben von Einheit ist es wichtig, alle Truppenteile zusammenzubekommen.

Der erste Schritt zu einer Verbesserung ist, dass der Bewusstseinschef zurückkommt, nicht mehr vor dem Desaster wegläuft. Sonst geht gar nichts. Klar ist das immer unangenehm. Aber vielleicht mit ein bisschen mehr Überblick von heute? Als Große. Wir zwei. Mit ein klein wenig Distanz? Um erst einmal zu verstehen? Verstehen, wieso hier was so schwer fällt.

Darf es so sein wie es ist? Darf es so schwierig sein? Wie schon Freud sagte: Bewusstsein, wo Unbewusstes war. Auch bei schwer gestörten Patienten. Die Integration von abgelehnten Teilen in das eigene Ich. Kann ich zu mir stehen als eine, die so etwas Schlimmes, Demütigendes, Missachtendes wie sexuellen Missbrauch erlebt hat? Und deswegen bestimmte Dinge nicht für möglich hält und nicht tun kann. Aber als Person vollkommen in Ordnung ist?

Damit hat sich noch nichts verändert und doch finde ich, das ist der wichtigste Moment. Denn dann erst, kurz danach, kann sich etwas verändern und kann auf einmal leichter sein.

Wenn ein Teil der Truppe sagt, „Ich habe Angst", ist es wichtig, ihn trotzdem mit hineinzunehmen: „Wovor hast du Angst? Wir klären das. Deine Angst kann ein

Hinweis sein, aber wir brauchen Dich. Jedoch wollen wir uns nicht von Dir alleine bestimmen lassen. Vielleicht ist Rückzug zum jetzigen Zeitpunkt die angemessene Strategie. Und dann durchdenken und aufrüsten, bis zum nächsten Mal." Aufrüsten kann bedeuten sich zu qualifizieren, sich mit der Angst zu beschäftigen „Was befürchte ich? Was kann im schlimmsten Fall geschehen? Kann ich damit leben?".

Und weiter: „Halte ich es für möglich, dass mir das Gewünschte tatsächlich offensteht? Kann ich mir das vorstellen? Heute? Jetzt?" „Wieso sollte der Nachbar in meiner Wohnung sein, wenn ich das nicht will?" Oder: Kann Frau S. wirklich glauben, dass Frau Roth sie noch mag, wenn sie ihr sagt, dass sie ihren Wunsch nicht erfüllen möchte? Mit allen Ängsten?

Wenn ich Kontakt habe zu meinen Truppenteilen, wenn alle Teile zusammen arbeiten und ein gemeinsames Ziel haben, wird Kraft gebündelt. Auf einmal geht es überraschend leicht.

Frau S. - Übergangshaus und Therapiebeginn

Ich war wieder in Charlottenburg, vielleicht vier Wochen, und bin dann in ein offenes Übergangshaus für psychisch Kranke gezogen. Da war ich wirklich ganz unten. Man musste immer aufpassen und es waren viele Männer dort.

Es gab einen Spanier, der hatte 'ne Psychose. Er hat mich überfallen und vergewaltigt. Aber alle haben sich nur um ihn gekümmert, weil er ja ne Psychose hatte.

Ich kam wieder in die Psychiatrie, diesmal in eine andere, wegen dem Einzugsgebiet. War mir auch recht. Mein Betreuer hat eine Wohnung für mich gesucht und Betreutes Wohnen beantragt. So habe ich Frau Roth kennengelernt. Es fand eine Gerichtsverhandlung statt. Das war schon gut. Aber es war auch schrecklich, es kam wieder alles hoch. Keiner hat sich um mich gekümmert, alle nur um den Mann.

Ja, ich habe immer wieder meine Tabletten gesammelt und alle auf einmal genommen. Und dann habe ich doch irgendjemand angerufen. Ich wollte ja nicht wirklich sterben. So bin ich wieder rein in die Klinik, raus aus der Klinik. Meine Betreuerin hat mir vorgeschlagen eine Therapie zu machen. Ich habe lange drüber nachgedacht. Vielleicht brauchte ich es doch?

Ich hatte Angst vor Therapie. Ich dachte: Was machen die da mit einem? Aber Frau Roth war nett. Und ich war am Ende. So ging es nicht weiter. Und die Gespräche in der Klinik hatten manchmal gut getan. Frau Roth hat mir gesagt, dass ich jederzeit aufhören könnte.

Sie hat bei Ihnen angerufen und mich zu Ihnen begleitet. Ihr habe ich viel zu verdanken. Der Anfang war sehr schwer. Früher habe ich immer gedacht, Therapie, das sind nur ein paar Stunden, es geht schnell. Ich wollte auch, dass es schnell geht. Aber das ist nicht so. Es ist harte Arbeit. Therapie ist kein Zuckerschlecken, sage ich immer. Aber es hat mir wirklich viel geholfen.

Am Anfang war es sehr schwer. Damals ist ja mein

Kater gestorben. Er war doch mein Ein und Alles. Ich habe mich so schlecht gefühlt. Heute kann ich das sagen, damals war das so ... so überall. Frau Roth hat mir geholfen eine neue Katze zu bekommen, auch einen Kater. Danach ging es ganz langsam. Ich hab noch lange geschnitten. Ich habe Ihnen nicht geglaubt. Ich konnte es nicht glauben. Und auch nicht richtig verstehen.

Aber es war auch schön. Ich habe ja dann gemerkt, dass ich auch etwas anderes kann. Ich kann mich heute viel besser kontrollieren. Kann zum Beispiel mit jemand sprechen oder laut Musik hören, um mich von dem Druck zu entlasten. Und ich weiß auch, dass es wieder besser wird, ich muss nicht alles so ernst nehmen. Ich weiß noch, wie ich mich einmal schneiden wollte und dachte, „Nee, det machste nich, da tust du dir ja nur selber weh". Nein ich wollte das nicht mehr. Und auch andere Sachen. Es geht rauf und runter. Oft geht es mir so richtig gut und dann wieder saumäßig schlecht.

Ich sitze viel auf dem Sofa. Stundenlang. Das kann ich gut. Keiner kann das verstehen. Vielleicht kommt das vom Knast. Rausgehen möchte ich nicht. Ich habe viel Angst vor den Leuten.

Die Therapie - Das dritte und bis ins vierte Jahr

Weihnachten ging es ihr dieses Jahr besser. Sie war gut darauf vorbereitet. Sie hat mit ihrer Schwester telefoniert. Tanja war da und sie war im SPZ. Es kommen andere Themen: Gefühle, die sie nicht kennt. Zum

Beispiel bei Frau Roth. „Sie hat so viel für mich getan. Ich würde so gerne ... ich weiß nicht? Irgendetwas tun können." „Danke" sagen vielleicht? Oder einfach zeigen zu können, dass sie sich freut?

Allein bei dem Gedanken bekommt sie Angst, Herzrasen, fürchtet sich rot zu werden. Kann sie sehen, dass sie so etwas bisher selten getan hat? Statt jemanden auffressen zu wollen, sichtbar zu werden? Dass sie sich sehr schnell Druck macht?

An einem Wochenende hat sie nachgedacht. „Ich habe mich ja immer gefragt, wieso mich meine Mutter nicht geliebt hat. Heute kann ich es besser verstehen. Es liegt an meinem Vater, an dem, was sie mitmachen musste." Diese Haltung fühlt sich definitiv besser an. Zwar ist Schuld eigentlich keine tragfähige Kategorie, aber hier ist es ein Schritt, ein realistischeres Bild von der Mutter zu bekommen. Ihre Verfehlungen dadurch auszuhalten, dass sie eine Erklärung dafür findet. Und sich neben den Schuldgefühlen gegenüber dem Vater auch Wut auf ihn eingestehen zu können.

Im realen Leben hat ein Pfleger weitererzählt, dass sie mit seiner Urlaubsvertretung nicht sprechen wollte. Uh, ist ihr das peinlich, unendlich peinlich. Aber hier konnte sie nachdenken und dann nach und nach verstehen, dass sie nicht böse ist auf die Frau, sondern Zeit braucht, um Vertrauen zu entwickeln.

Beim Weggehen bittet sie mich, sie bis zur Tür zu begleiten und zu warten, bis sie im Aufzug ist. Sie zeigt sich mit Bedürfnissen. Vertrauen entsteht. Sicherheit kann wachsen. Ich begleite sie die nächsten zwei Jahre zum Aufzug, bis es ihr nicht mehr so wichtig ist.

Als ich wieder einmal am Telefon kurz angebunden bin, macht es ihr etwas aus, aber sie muss sich nicht schneiden.

***

Es kommt wieder ein Rückfall. Tanja kommt oft zu ihr, mit verbunden Armen, sie schneidet sich und sagt: „Das habe ich von dir." Frau S. schneidet sich auch wieder. Sie hat ein sehr schlechtes Gewissen. Und erinnert sich: „Ich habe zu den Kindern gesagt: „Bring mir ein Messer" und dann habe ich mich vor den Kindern geschnitten! Und versucht mich aufzuhängen. Tobias hat dann mit zehn wieder ins Bett gemacht. Während ich die eineinhalb Jahre in der Klinik war, kam er in eine Pflegefamilie. Zu Beginn hat er mich mit der Familie in der Klinik besucht. Aber bald zogen sie um nach Hamburg. Bis vor drei Jahren habe ich an Geburtstagen und Weihnachten immer geschrieben. Aber er hat sich nie gemeldet.

Neben den Dramen ihres eigenen Lebens hat Frau S. sich immer mit dem Schicksal ihrer Kinder und dem, was sie ihnen angetan hat, beschäftigt.

Wir versuchen zu differenzieren, was Tanja heute will. Verständnis für sich selbst. Von ihr hören, dass es ihr leid tut, dass sie es nicht absichtlich getan hat. Sie vermutet, sie will hören, dass sie sie liebt, und in den Arm genommen werden. „Aber das kann ich nicht! Das konnte ich damals nicht und heute nicht." Ja, alles andere macht keinen Sinn. Schuldgefühle verändern nichts. Wir versuchen zu verstehen, wieso sie es nicht kann. „Ich habe es nicht erlebt." Und ihre Eltern wahrscheinlich auch nicht. Sie kann es nicht umsetzen. Aber sie kann Tanja anders begegnen. Sie kann mit ihr reden. Tanja erzählt, dass ihr Vater sie immer eingesperrt und die zweite Frau ihres Vaters sie gehasst hat.

***

Als die Frau ihres Bruders stirbt, wiederholt er bei seiner leiblichen Schwester Barbara seine Drohung von früher, dass er die Susanne umbringen wolle. Frau S.

hat Angst, dass er wirklich kommt und ihr etwas tut. Wir versuchen zu ordnen. „Wird er kommen? Heute, als erwachsener Mann?" Er leidet unter Depressionen, einer Krankheit, in der man Aggressionen eher gegen sich selbst richtet und wenig Antrieb hat. Er hat große Not, leidet, weil seine Ehefrau gestorben ist, sein einziger Halt. Und sein Leben wäre tatsächlich anders verlaufen, wenn Frau S. „es" nicht getan hätte. „Ja, und vielleicht ist es für ihn auch einfacher, wenn er einen Schuldigen hat?"

Es bleibt die Frage: „Wieso ich und nicht die anderen? Wieso habe ich es getan?"

Ja, warum? Sie hat mehr Missbrauch als die anderen erlebt. Sie war jungenhafter, also mehr geübt, die Aggression nach außen zu richten? Aber wieso haben die Nonnen sie zu ihrem Vater nach Hause gelassen, wenn doch der Missbrauch über das Heim offiziell wurde und vor Gericht kam? Die beiden älteren Schwestern wollten nicht zum Vater, sie sind in Pflegefamilien gegangen. Frau S. konnte nicht Nein sagen. Dies alles ist keine Entschuldigung, es ist aber von Bedeutung.

In der Folge geht es Frau S. schlechter, aber sie schneidet sich nicht.

Dieses Jahr ist Weihnachten schwer. Tanja meldet sich nicht, sie schneidet sich wieder und ist psychotisch. Sie sagt, dass sie nicht mehr leben wolle. Frau S. verliert den Mut. Sie spürt große Sorge und das Bedürfnis sich zu kümmern. Mit viel Mühe ruft sie Tanjas Betreuerin an. Aber es wächst auch der Stolz, diese Krise bewältigt zu haben. Im eigenen Leben mehr zu bestimmen. Aus eigenem Antrieb nicht mehr zu schneiden. Und es tatsächlich besser auszuhalten, dass viele Menschen sie zu mögen scheinen? Tatsächlich mögen?

Sie konnte dem Nachbarn sagen, dass er mal eine Woche nicht kommen soll. Und das bekräftigen. Und sie konnte Frau Roth sagen, dass sie nicht ins SPZ kommen möchte und dann doch hingehen. Was für ein Wunder.

Die Therapeutin - Veränderung und neue Wege

In den letzten Jahrzehnten konnten mittels bildgebender Verfahren zahlreiche Erkenntnisse über das menschliche Gehirn gewonnen werden. Es schien zunehmend möglich, einzelne Funktionen unseres Gehirns bestimmten Orten im Gehirn zuzuordnen. Die Komplexität unserer Wahrnehmung und unseres Erlebens scheint jedoch mehr mit der Bildung neuronaler Netze zusammenzuhängen. So fand zum Beispiel Eric Kandel, ein Neurowissenschaftler aus den USA, der sich sowohl für die biologische Forschung als auch für Psychoanalyse interessierte, an einem sehr einfachen Wesen heraus, dass sich neue komplexe neuronale Netze bilden, wenn das Versuchstier etwas Leckeres zu essen findet. Seine These: Bei bedeutsamen Erfahrungen (hier etwas Leckeres zu essen finden) werden neue synaptische Netze ausgebildet.

Das passt zu meinem Erleben. Wenn ich in der Therapie etwas Neues erlebe, spüre, dass ich etwas als traurig Erfahrenes selber aktiv wiederhole, und wenn ich dann diese Vergangenheit in der Gegenwart mit jemandem teilen kann, erlebe ich etwas Herausragendes, Berührendes, Tröstliches. Mit Hilfe des Anderen kann ich mit mir mitfühlen und etwas Neues, Schönes, Bedeutsames spüren: Hoffnung, Angenommensein, Raum, Würde, Luft. Etwas sehr Nahrhaftes.

Diese Vorgänge sind schnell und komplex, sie betreffen Gedanken, Gefühle, Stimmungen und Gewohnheiten. Und eine Erfahrung kann eine Menge verändern. Wenn es gelingt den wichtigen Zusammenhang zu finden, ist es wie bei Jim Knopf und dem Meeresleuchten. In dem Moment, wo das Verbindungsstück zwischen den Polen des Magnetfelsens eingesetzt wird, erstrahlt die Umgebung. Sonst dunkle Bereiche werden klar. Jemand versteht sich, erlebt Verbindung und auch ich verstehe etwas neu.

Allerdings ist diese eine Veränderung zunächst noch fragil. Das Neue ist dünn, wenig selbstverständlich. Diese eine Erfahrung steht gegen sehr viele andere altbekannte und bedeutsame Erfahrungen. Das bedeutet, das Neue muss etabliert, eingeübt werden.

Ähnlich wie eine neue Sprache gelernt wird. Ein komplexer Prozess, der Zeit braucht und unterschiedliche Stadien durchläuft. Der Wille ist wichtig und Erfolgserlebnisse. Am Anfang fühlt es sich wenig begeisternd an: Vokabeln üben. Übersetzt heißt das: Aufmerksam werden für die Haltung, die ich zu mir habe. Sie ist oft nicht deutlich, läuft eher im Untertext mit. Sie ist das zuerst Kennengelernte und dann Vergessene. Das Neue muss ich probieren, auch wenn ich es noch nicht recht glauben kann. Es kann hilfreich sein, die neue Haltung auszusprechen: „In meiner

Wohnung bestimme ich!" „Es ist wichtig, wie es mir geht." Das fühlt sich komisch und ungewohnt an, aber ich kann daran viel merken. Wieso soll ich nicht wichtig sein, Wohlwollen verdienen oder Angst haben dürfen? Kann ich das Störende benennen? „Es ist wichtig, wie es mir geht und es fühlt sich sehr ungewohnt und unsicher an." Ok, aber dann kann ich es vielleicht probieren? Und dann sehen, wie es ist und ob sich etwas verändert? Wenn ich mich wichtig finde, gewinne ich Raum und achte mehr darauf, dass das passiert, was ich wirklich will.

Es wird Zeiten geben, in denen ich beflügelt bin, ich kann schon ganze Sätze in der neuen Sprache sprechen, kann mich schon unterhalten. Und bald folgt die Erkenntnis, wie wenig es ist. Wie viel noch zu lernen ist. Wichtig ist der Wille des Klienten. Will er oder sie die Sprache lernen? Nur dann, wenn sie glaubt, dass es wirklich besser wird. Zum Glück ist es bei einer Therapie häufig so, dass man im Verlauf der Zeit auf andere trifft, die diese Sprache auch sprechen. Entweder kann man sich seiner Umgebung gegenüber anders verhalten, sich besser verständlich machen oder man nimmt neue Kontakte auf. Wie bei einem Auslandsaufenthalt. Je klarer wir wirklich nur die neue Sprache sprechen, umso eher kann sie vertraut werden. Allerdings bleibt die alte Sprache, das zuerst Gelernte als Basisprogramm im Untergrund. Bis ins hohe Alter können wir auf die altbekannte Weise reagieren. So als ob uns jemand nach vielen Jahren im Exil in der Muttersprache anspricht und alles ist sofort wieder da: Sprache, Gerüche und Bilder. Leider greifen wir vor allem unter Belastung auf alte Muster zurück.

Wichtig ist auch, ob Rückschritte erlaubt sind. Wie beim Fahrradfahren. Darf ich herunterfallen? Zu Anfang glaubt man, sich auf zwei Rädern bewegen zu können, das geht doch gar nicht. Dann probiere ich es, alles ist unvertraut und irgendwann geht es doch, ein kleines Stück. Und dann ein längeres Stück. Ich denke, ich kann es! Und schon fahre ich gegen einen Bordstein. Und alles ist beim Alten. Ich glaube nicht mehr, dass ich es jemals kann. Wenn ich dann wieder aufsteige, muss ich alle gelernten Schritte noch einmal machen. Aber diesmal geht es schneller. Niemand kann Fahrrad fahren lernen, wenn er nicht herunterfallen darf. Je öfter ich Verzweiflung aushalten und teilen kann, also wirklich bewältigen, umso größer wird mein Zutrauen, dass es weiter geht. Rückfälle bedeuten leider immer wieder Zweifel, Ängste und Verzweiflung zu erleben und auszuhalten. Aber ebenso wird auch das Neue immer vertrauter und ich weiß zunehmend sicherer, dass auch dieses immer wiederkommt. Ich weiß, was ich dafür tun kann und dass ich so leben will: Mich ernsthaft berücksichtigen.

Frau S. - Familie heute

Meine Familie ist eigentlich mein Kater. Es ist schwer für mich, dass alle meine Geschwister Kontakt zueinander haben, nur nicht zu mir. Wir haben alle Kontakt zur Barbara, aber mich wollen sie nicht sehen. Sie lehnen mich ab. Mit Barbara telefoniere ich oft am Wochenende, sie ruft mich oft an. Heute verstehe ich mich sehr gut mit ihr. Alle Geschwister kommen zu ihr, bei ihr ist immer das Haus voll. So wie früher kümmert sie sich um alle. Sie hat drei Kinder und die haben auch Kinder. Insgesamt hat sie sechs Enkel. Bei ihrer Familie ist alles in Ordnung, sie gehen alle arbeiten, alles ist normal. So eine Familie hätte ich auch gerne.

Barbara versucht manchmal mit den anderen Geschwistern über mich zu sprechen. Aber die wollen nichts von mir wissen. Das tut mir weh. Meine ältere Schwester Monika lebt ja auch in der Nähe. Einmal kam sie zu Barbara, als meine Schwester mit mir telefonierte. Aber als sie sagte: „Hier, die Susanne ist dran, willst du mir ihr sprechen?", wollte sie nicht. Alle leben ganz normal. Keiner ist so wie ich, so psychisch krank.

Nur von meiner Schwester Gudrun die Tochter, die macht es auch, sich schneiden. Zur Gudrun hab ich schon lange keinen Kontakt. Sie hat auch zu den anderen wenig Kontakt. Nur Barbara bemüht sich immer.

Von Ulrike weiß ich nichts. Sie hat keinen Kontakt mehr zur Barbara.

Mich quält immer wieder der Gedanke an meinen Bruder Stefan. Als wir uns einmal zufällig bei Barbara trafen, drohte er, mich umzubringen. Das ist schon lange her, aber immer wieder habe ich Angst, dass er kommt. Er war auch öfter in der Psychiatrie, nicht so wie ich. Er war depressiv. Als seine Frau vor kurzem an Krebs gestorben ist, hat er noch einmal gesagt, dass er mich umbringen will. Seitdem hat er sich bei Barbara nicht mehr gemeldet, er ist auch umgezogen. Keiner weiß, wo er jetzt ist. Ja, ich weiß, dass meine Angst viel mit meinen eigenen Gedanken zu tun hat. Aber so richtig weiß ich es nicht. Ich habe immer wieder Angst.

Und meine eigene Familie? Ich muss oft an Tobias denken. Es tut mir weh, aber er will ja wohl nicht. Manchmal habe ich mich fast etwas daran gewöhnt. Es bleibt mir ja die Tanja. Wir sehen uns oft. Oft kommt sie zu mir und besucht mich. Wenn es ihr gut geht, kommt sie und hilft mir einkaufen. Dann bleibt sie ein bisschen und wir gucken Fernsehen. Aber oft bekomme ich Angst, wenn wir einen Krimi sehen oder einen Film, wo jemand stirbt, dann bekomme ich große Angst, dass sie gleich etwas sagt und nichts mehr von mir wissen will. Wenn es ihr schlecht geht, macht sie mir oft Druck und Vorwürfe. Besonders schlimm ist es, wenn sie sich schneidet. Das kann ich nicht sehen. Das war mir früher nicht klar. Heute weiß ich, wie schwer sowas auszuhalten ist. Dann sagt sie: Das habe ich von dir! ... Ich wäre auch gern stolz auf meine Tochter.

Heute ist mein Kater meine Familie. Mein Mischka. Der tut mir nichts. Mit ihm kann ich alles besprechen. Das tue ich auch. (Lacht). Er hört mir immer zu. So ein Tier ist anders als Menschen. Es kann gar nicht hinterhältig sein. Aber er weckt mich auch oft (lacht). Morgens um fünf kommt er auf mein Bett und tritt und maunzt, bis ich aufstehe und ihm Futter gebe. Ob ich will oder nicht.

Manchmal ist die Tanja eifersüchtig auf Mischka. Aber wenn sie ihn tritt, das kann ich nicht haben.

Und irgendwie sind auch meine Betreuer meine Familie. Zu Frau Roth habe ich ja immer gesagt, ich will eine WG mit ihr aufmachen (lacht). Die Pfleger *kommen ja oft, sie müssen auch mal meine Launen aushalten. Da kann ich nicht so viel erzählen, aber ich kann über Politik und Alltägliches sprechen. Das tut mir gut. Und es gibt immer wieder mal eine Praktikantin, die mit mir zum Arzt geht oder etwas unternimmt. Da staune ich manchmal. Die Frau Yilmaz ist ja noch so jung, aber sie versteht schon so viel. Sie weiß nichts von mir. Aber ich kann mich richtig gut mit ihr unterhalten. Es wäre schön, wenn sie meine Tochter wär (lacht).*

Die Therapie - Idee zum Buch

Im Verlauf von vier Jahren habe ich mit Frau S. 100 Sitzungen durchgeführt und abgerechnet. Das ist wenig mehr als doppelt so viel wie eine „normale" Verhaltenstherapie. Unter besonderen Umständen kann ein weiterer Verlängerungsantrag gestellt werden. Aber der Antrag auf 120 Sitzungen wird abgelehnt. Zum Glück gibt es seit einiger Zeit die Möglichkeit, einmal im Monat ein „Gespräch" durchzuführen, für etwas weniger Geld, aber immerhin. Frau S. reicht diese Perspektive im Moment, sie findet, sie hat etwas erreicht, eine Pause tut gut, aber sie will auf keinen Fall aufhören. Es ist ihr wichtig zu wissen, dass es nach 2 Jahren weiter gehen kann. Dann kann sie die Therapie vielleicht aktiver nutzen.

Frau S. hatte und hat immer wieder längere gute Zeiten. Sie hat gemerkt, dass Gespräche die Funktion des Selbstverletzens übernehmen können. Wenn Sie Druck hat, versucht sie nun öfter jemanden zu erreichen, um mit ihr oder ihm sprechen zu können.

Sie freut sich sehr, wenn die wechselnden Pfleger gerne zu ihr kommen und ihr sagen, dass sie sich gerne mit ihr unterhalten und sich nicht vorstellen können, dass sie noch vor nicht allzu langer Zeit jeden zweiten Tag zum Arzt musste, um frisch geschnittene Wunden verbinden zu lassen. Wenn ihr jemand Hilfe beim Aufräumen anbietet, hätte sie sich früher kritisiert gefühlt, heute nimmt sie gerne und dankend an und hilft auch gerne aktiv mit. Mit Nüssen und kleinen Kerzen dekoriert sie Tisch und Fenster und freut sich sehr, wenn es anderen gefällt.

Allerdings bleibt sie dabei sehr auf Lob und Kritik der Außenwelt bezogen. Dadurch gerät sie auch immer wieder unter Druck. Mal reicht ihr nicht, was sie an Lob erhält. Es fehlt ihr ein intensives Gefühl. Die Sehnsucht zu schneiden steigt, um damit wieder die volle Zuwendung erleben zu können. Mal wird ihr auch das Lob zu viel und sie gerät unter Druck, immer stark sein zu müssen. Der Nachbar ist hartnäckig. Er kommt immer wieder und beklagt sich über die Welt. Sie kann ihm nicht die Tür weisen. Es wechseln Pfleger. Frau Roth hat mal mehr und mal weniger Zeit für sie. Mal gelingt es ihr, vor die Tür zu gehen und oft gelingt es nicht.

Und doch wächst trotz gelegentlicher Rückfälle ein Gefühl: „Das mache ich nicht, da tue ich ja mir weh." Es ist ein irres Gefühl, das Rasiermesser in der Hand zu haben, sich zu ritzen und zu merken, das tut ja weh, das will ich gar nicht. Mit Tanja erlebt sie, wie weh es tut, dabei zuzusehen. Gerade, wenn einem etwas an dem Menschen liegt.

Wir können nicht so intensiv weiter arbeiten aufgrund der selteneren Kontakte. Und Frau S. will auch gerne mehr alleine probieren. Sie will ohne Medikamente leben. Das wollte sie zwar schon öfter, dann aber immer direkt alles auf einmal absetzen. Jetzt bespricht sie sich mit der Psychiaterin. Diese schlägt vor, zunächst einmal Valium zu reduzieren. Damals in den Kliniken hat Frau S. nach und nach Unmengen Valium verordnet bekommen, was natürlich nicht richtig ist, aber im Stationsbetrieb ein Kompromiss. Ist der Patient dann entlassen, traut sich kein Arzt mehr, die Medikamente ambulant zu reduzieren, da dann mit extremen Ängsten und emotionalen Achterbahnfahrten zu rechnen ist. Aber Frau S. will sich trauen. Es wird in kleinen Schritten über einen Zeitraum von zwei Jahren reduziert. Und es kommt in der Folge bei Frau S. zu teils heftigen Ängsten.

Zum Beispiel als es rund um den Jahrmarkt in ihrer Wohngegend, einem sozialen Brennpunkt, immer wieder zu lauten Knallgeräuschen kommt und alle vertrauten Personen in Urlaub sind. Sie hat Ängste, fühlt sich alleine gelassen. Sie schwankt zwischen Ängsten, Überforderung und Ärger, Ärger auf die Anderen und auf sich selbst. Ihr Finanzbetreuer will ihr Geld nicht schon wieder einem Bekannten mitgeben. Als Frau S. ankündigt: „Ich springe mit dem Kater aus dem Fenster", ist der Sozialarbeiter eine halbe Stunde später bei ihr. Frau S. ist gerührt und begreift, was sie jemandem mit ihrer Drohung antut.

Es gibt schwierige Daten. Der Geburtstag ihrer Schwester Barbara zum Beispiel. Er ist einen Tag nach dem Todestag des Vaters. Sie will der Schwester gerne gratulieren. Sie mag sie und weiß, dass die Schwester sie auch mag. Aber sie fürchtet, dass die Schwester ihr Vorwürfe wegen des Vaters macht: „Ich habe doch kein Recht zu leben, wenn ich so etwas getan habe. Er lebt ja auch nicht mehr."

Aber sie kann schneller wieder herausfinden. Ja, sie ist stärker geworden. Vielleicht kann sie ihrer Schwester etwas erklären, sich verständlich machen? Sie hat ja bisher nur mit mir über die Tat und den Knast und all das gesprochen. Sie würde gerne noch mit jemand anderem darüber reden. Sie hat so eine große Sehnsucht nach ihren Geschwistern. Die haben ja alle Kontakt miteinander. Nur sie nicht. Weil sie das getan hat.

Sie empfindet so viel Dankbarkeit für das, was wir für sie getan haben, dass wir so viel mit ihr ausgehalten haben.

***

Eines Tages kommt Frau S. in die Stunde: „Ich habe an der Straßenbahn ein junges Mädchen getroffen, sie hat sich zu mir auf die Bank gesetzt. Sie wollte erzählen, dass sie auf den Strich geht und so. Ich kenne das ja auch. Ich habe ihr zugehört und gesagt, dass ich sie verstehe, aber dass es auch anders geht. Das hat mir so gut getan. Ich möchte gerne anderen Frauen, die sich selber verletzen, helfen. Ich habe doch so viel gelernt. Und ich habe auch nie geglaubt, dass sich jemals etwas ändern würde. Ich möchte gerne anderen etwas geben."

Die Therapeutin - Veröffentlichen?

Als Frau S. sagt, sie wolle gerne anderen etwas von ihrer Erfahrung mitgeben, bin ich hellwach. Es liegt in der Luft. Genauso geht es mir auch. Ich finde, ihre Geschichte ist erzählenswert. Auch der Therapieprozess ist erzählenswert. Viele könnten etwas davon lernen und verstehen. Ihr prägnantes Leben könnte Leute berühren und mitnehmen. Aber kann das gehen? Ist es erlaubt? Es gibt immer wieder einzelne Schilderungen über eine Psychotherapie, häufig aus der Sicht des Therapeuten, seltener aus der Sicht des Klienten, fast nie als gemeinsames Werk. Und es liegt auf der Hand wieso. Der Patient sucht Hilfe, es gibt ein asymmetrisches Verhältnis. Ich als Therapeutin habe einen Fürsorgeauftrag, den darf ich nicht missbrauchen. Das hat schnell gravierende Konsequenzen.

Und dennoch. Es war zunächst Frau S.'s Wunsch, mit ihrer Geschichte anderen Menschen zu helfen, ihnen Mut zu machen. Ich habe selber viel gelernt während der Therapie. Das könnte auch für andere Therapeuten interessant sein. Im besten Fall könnte ihre Geschichte anregen genauer hinzusehen, sich frühzeitig um vernachlässigte, missachtete Kinder zu kümmern.

Aber Frau S. kann immer noch nicht Nein sagen. Sie könnte es nicht aushalten in der Öffentlichkeit zu stehen. Sie könnte nicht mit fordernden, ablehnenden oder gar abwertenden Reaktionen umgehen. Und sie könnte nicht aushalten, dass auf einmal viele Menschen etwas über sie wissen, was sie selbst noch nicht einmal nahen Menschen, wie ihrer Tochter oder ihrem Pfleger, erzählt.

Hm, man könnte ihre Identität verschleiern. Eine Geschichte inszenieren? Ich habe keine Ahnung vom Schreiben oder Filmen, ich bin Psychotherapeutin. Könnte es jemand anderes machen? Nein. Frau S. könnte ihre Geschichte nicht jemand anderem erzählen. Vielleicht sollten wir hier ihr vorrangiges Interesse auf psychotherapeutische Hilfe festhalten und ausprobieren, wie weit wir kommen? Ich versuche, die Schwierigkeiten zu thematisieren. Frau S. sieht sie zwar, hält sie aber für nicht so wichtig. Die Idee, etwas Sinnvolles zu tun, wohl auch Aufmerksamkeit zu erhalten und möglicherweise auch darüber irgendwie den Fortgang ihrer eigenen positiven Entwicklung beschleunigen zu können, steht im Vordergrund. Wir halten schriftlich fest, dass es die Idee gibt und dass beim weiteren Vorgehen das Wohlergehen von Frau S. Vorrang hat und sie jederzeit ihre Meinung ändern kann. Ich frage immer wieder nach, ob ich etwas recherchieren darf.

Herrn Schneider aus dem Frauenwohnheim hatte ich schon früher, auf der ersten Suche nach der Akte angerufen. Er sagte, er habe die Akte immer in einem Safe aufbewahrt und nach dem Weggang von Frau S. vernichtet, so wie sie es gewünscht hatte. Es sei ihr sehr wichtig gewesen, dass niemand anderer diese Akte erhält. Vertrauenswürdig. Und schade, dass die Akte weg ist.

Ich versuche, die Gutachter zu erreichen. Sie sind leider entweder verstorben oder schwer erkrankt. In den Schriften von Frau Dr. Müller-Luckmann findet sich nichts zu Frau S. Wohl ein zu kleiner Fall. Das Gericht hält zwar Jugendstrafsachen 40 Jahre lang vor, aber leider sind 40 Jahre bereits vorbei. Es gibt definitiv keine Akte mehr. Ich darf die Frau, bei der sie als junge Frau gewohnt hat, anrufen und nach Unterlagen fragen. Auch die ehemaligen Hauswartsleute darf ich versuchen anzurufen, wobei sie kaum glaubt, dass sie noch leben.

Frau S. - Zeitungsartikel

„Tödlicher Eintopf" titelt die Berliner Zeitung. Gruselig. Aus diesem und anderen Zeitungsartikeln trieft die Moral und der Muff der 60er: Der redliche Fabrikarbeiter kommt nach der Arbeit nach Hause und findet Eintopf und schwarzen Tee vor, zubereitet von der 15-jährigen Tochter, die ihm den Haushalt führt. „Lieber Papa, ich bin in der Stadt, habe Dir Eintopf und Tee gemacht", schreibt die „gefühlskalte jugendliche Giftmischerin" auf einen Zettel. Als Grund für diese Tat recherchierte die Kripo: Der Vater sei mit ihrer Hausarbeit oft nicht zufrieden gewesen und habe ihr auch noch verboten, auf eine Party zu gehen.

Der Staatsanwalt vermutete als Tatmotiv Ärger über die Vorhaltungen des Vaters, was von dem Mädchen bestritten wurde. Die Mordkommission ermittelte weiter, dass sie schon seit mehreren Monaten die Berufsschule nicht mehr besuchte und sich stattdessen mit „Autokavalieren" traf. So habe sie wohl Angst vor Strafe gehabt, da es ihr bisher gelungen sei, mehrmals das Jugendamt abzuwimmeln, sie aber nun befürchtete, dass mit Schulbeginn alles aufflöge. Die einzige menschliche Regung habe sie gezeigt, als ihr aufge-

gangen sei, dass sie ihren Geschwistern den Vater genommen habe. Die älteren Schwestern stünden in einer geordneten Berufsausbildung.

Zur Beerdigung kamen die Kinder aus dem Kirchkreis mit weißen Nelken. Die Mitglieder der katholischen Gemeinde fanden sich nach der Beerdigung zu einer Betstunde zusammen, wozu der Pfarrer sie aufgefordert hatte.

***

Aus den Artikeln wird deutlich, wie fassungslos die Menschen waren und wie sie sofort das Böse in der Täterin sahen. Es gibt keine Idee, keine Frage, wieso das Mädchen auf die schiefe Bahn gekommen ist. Sie ist halt frühreif. Dass eine 15-jährige allein aus Angst vor Strafe jemanden umbringt, scheint ausreichend logisch.

Aber für mich ist es auch ein Schock. Eine ganz andere Welt tritt mir entgegen. Und tatsächlich auch andere Daten, Informationen. Von Autokavalieren hat sie nie etwas erzählt. Nun ist es auch nicht so, dass es zu dem, was sie erzählt hat, definitiv nicht passen würde. Aber dennoch könnte ja auch alles anders gewesen sein.

Wie soll ich mit Frau S. darüber reden?

Da haben wir den Salat. Therapie und Recherche für eine Veröffentlichung vertragen sich eben nicht. Auf welcher Seite stehe ich nun? Ich habe doch gesagt, dass ich mit Lügen kein Problem habe und Vertrauen wachsen kann. Ja, und ich habe auch gesagt, dass die Wahrheit immer begrenzt und relativ ist. Aber es irritiert mich trotzdem. Kann sich Frau S. denn weiter voll auf mich verlassen? Kann ich sie ansprechen? Konfrontieren? Oder dränge ich sie gar andersherum, bereits mit meiner positiven Haltung, ihr Verhalten als verstehbar anzusehen, zu meiner Wahrheit? Andererseits ist es interessant. Es ist interessant, aus dem Abstand von über dreißig Jahren zu sehen, wie wenig man damals nach Hintergründen gefragt hat. Wie wenig psychologisches Denken es damals gab. Und auch wie es wirklich war und was zwischen Frau S. und mir und in der Therapie wirklich passiert, interessiert mich sehr.

Die Therapie - Zwei weitere Jahre

Um einen Anfang zu machen und etwas mehr aus den Therapiestunden festzuhalten, frage ich, ob ich mit einer kleinen Kamera die Sitzungen aufnehmen darf? Ja gerne, damit hat sie gar kein Problem. Ich frage jedes Mal, bevor ich etwas unternehme, nach der Akte forsche, nach den Zeitungsartikeln suche oder jemanden anrufe.

Wochenlang geht es Frau S. gut. Sie hat ein großes Bedürfnis zu sprechen. Sie erzählt, wie gut es ihr geht: „Es tut so gut, dass mir jemand zuhört." Sie will erzählen, wie gut es ihr geht, aber auch, dass sie Angst hat, dass es bald vorbei ist, dass es sich unwirklich anfühlt. Sie will Zusammenhänge verstehen. Erzählt mehr von ihrer Familie, zum Beispiel von der Schwester, die den ganzen Tag nackt hinter der Tür stehen musste, nur mit einem Kanten Brot. Sie hat heute eine Tochter, die sich selber verletzt und mit ihrem Baby im Mutter-Kind-Wohnheim lebt. „Ich weiß nichts von sexuellem Missbrauch bei meiner Nichte.

Nur, dass der Vater trinkt und der Sohn im Internat lebt." Sie kann sich ihre Schuldgefühle ansehen: „Ich denke oft, dass ich ihr hätte helfen müssen. Und ich weiß doch, dass ich nichts tun konnte."

Und es gibt schlechte Zeiten. Kleinigkeiten können eine Menge auslösen. Ein Datum, Geburtstag oder Todestag der Eltern. Michael Jackson stirbt und hinterlässt eine 11-jährige Tochter. „Ich war erst zehn, als meine Mutter starb. Ich weiß ja, wie das ist, wenn die Mutter plötzlich weg ist. Heute weiß ich ja, dass sie wirklich tot ist. Aber alles kommt wieder hoch. Ich würde so gerne fragen, wieso sie das alles gemacht hat."

Auf den Vater oder alle Missbraucher empfindet sie Wut und Hass. Und auf mich, weil ich es nicht genauso sehe. Die Wut hat zwei Seiten, einmal ist es gut zu merken: Das will ich nicht! Das ist nicht richtig! Aber leider ist die Wut oft ein Bumerang. Sie kommt zu einem zurück und verstärkt die Hilflosigkeit: Ich konnte damals nichts machen und kann es auch heute nicht. Wie furchtbar. Letztlich hat auch der Vater seine Geschichte. Wenn ich die verstehen kann, muss ich das Erlittene nicht persönlich nehmen. Aber dass sie sich ihm noch nicht zuwenden kann, das kann ich verstehen und will es gerne respektieren.

Frau S. hat Lust, mehr Verantwortung zu übernehmen. Das wollte sie nie. Ihre Medikamente erhält sie jetzt für eine Woche im Voraus und teilt sie sich selber ein. Sie ist sehr stolz über das Vertrauen, das man in sie setzt. Und sie hat Angst vor der nächsten Krise. Ich entgegne: „Ja, das ist doch normal, solche Gedanken sind doch vernünftig." Kann sie damit rechnen und frühzeitig um Hilfe bitten?

Das Verhältnis zu ihrer Schwester wird immer besser. Deren Sohn will sie einmal für eine Woche holen kommen. Sie freut sich. Und nur ganz, ganz wenig, durch ein letztes Ausbleiben an Tatkraft, ist zu spüren, dass sie eine solche Reise eigentlich nicht will oder Angst davor hat.

Tanja besucht sie, ihr geht es gut, sie ist nicht psychotisch, nimmt keine Drogen und trinkt nicht. Sie kann richtig gut mit ihr sprechen. Sie möchte ihr so gerne etwas geben und hat Angst, dass sie es nicht schafft.

Die Therapeutin - Zweifel

Zweifel und Unsicherheit gehören zum Leben, zur Wissenschaft und auch zur Psychotherapie, wie der Mond zur Sonne oder der Schatten zum Licht. Schon in den klassischen Naturwissenschaften ist unser Wissen sehr begrenzt. Gesetze und Regeln kennen wir nur für einfache Strukturen, sobald die Zusammenhänge komplizierter werden, können wir sie nicht mehr erklären, unsere Werkzeuge versagen.

Immer wieder zeigen Vollblutnaturwissenschaftler ein großes Interesse an übersinnlichen Vorgängen. Sie beschäftigen sich den ganzen Tag mit zweifelsfreien Tatsachen und nach Feierabend leuchten ihre Augen bei nicht beweisbaren Zusammenhängen.

So zeigte ein bekannter Hirnforscher, nach einem Vortrag über die Bildung spezifischer neuronaler Netzverbindungen, entsprechend der Vielfalt unserer

Sinneseindrücke, und über Spiegelneuronen als Erklärung für das Erleben stellvertretender Erfahrung, lebhaftes Interesse an der Frage aus dem Publikum nach dem Phänomen der Gedankenübertragung über weite Entfernungen hinweg. Er hatte keine Antwort, obwohl es ihn sehr interessierte und er es schon selber erlebt hatte.

In Psychotherapien und in zwischenmenschlichen Beziehungen sind die Verhältnisse hochkomplex und unübersichtlich.

So gibt es immer auch abgebrochene Therapien oder Therapien mit wenig Erfolg. Manchmal verstehe ich, woran es liegt, manchmal nicht. Es gibt Therapien, bei denen man von Anfang an weiß, das ist ein Risiko. Ob derjenige es schafft, ohne Drogen zu leben? Ob diese Fähigkeiten und Möglichkeiten ausreichen, um Veränderung zu wollen und daran ausdauernd zu arbeiten? Wird das was? Und oft klappt es dann doch. In manchen Fällen verstehe ich den anderen nicht, es dreht sich im Kreis und jemand bleibt mir fremd. Oft stellt sich erst nach einigen Stunden langsam eine wirkliche Verständigung ein. Mitunter funktioniert dann etwas, obwohl ich es nicht verstehe.

Eine Frau, die beruflich sehr erfolgreich war, jedoch in ihren privaten Beziehungen immer wieder am Rande der Katastrophe lebte, mir in ihrem geordneten äußeren Lebensweg eher fremd geblieben war und die leider wenig von der Therapie zu profitieren schien, sagte mir viele Jahre später einmal: „Ich habe so oft an ihren Satz denken müssen: „Was wäre denn, wenn diese Wand, die sie immer spüren, aus Glas oder aus Luft wäre, und sie könnten ganz leicht hindurch gehen?" Er hat mir immer wieder sehr geholfen." Ich konnte mich nicht an diesen Satz erinnern.

Oder eine andere Therapie, die tatsächlich nach gut vierzig Stunden im Unfrieden abgebrochen wurde, nach vielen Diskussionen, schweißtreibenden Bemühungen um Kommunikation und Verbindung. Bei einer postalischen Umfrage unserer Praxis, wie die Therapie erlebt wurde, sagte gerade sie, dass sie sehr viel mitgenommen habe und gerade deswegen dieses Ende sehr bedauert habe. Wir trafen uns noch einmal und konnten uns unseren Dissens besser erklären, auch ich konnte klarer erkennen, was für mich schwer aushaltbar gewesen war und aus welchen eigenen Gründen.

Solche Erfahrungen helfen Momente auszuhalten, die in jeder Therapie auftauchen. Momente, in denen man überhaupt nicht weiß, wohin es läuft, ob es sinnvoll und hilfreich ist, nur nichts bringt oder sogar etwas verschlechtert.

Aber es gibt auch immer wieder Therapien, die definitiv scheitern. Und dann finde ich es schwer zu sagen: „Diese Person war eben nicht für eine Therapie geeignet" und falsch zu sagen: „Er oder sie wollte sich eben nicht verändern". Vielleicht weiß ich, wissen wir die Antwort nicht und werden sie nie erfahren. Vielleicht werden wir es irgendwann einmal verstehen.

Schwer ertragen kann ich die Sicherheit, mit der viele Experten ihre Theorien vortragen und sie für die erwiesene, zutreffende, einzig wahre halten. Und wirklich schädlich finde ich, wenn dies in Therapien geschieht. Wenn im Zweifel dem anderen die Schuld zugeschoben wird. Die Theorie hat recht, der Patient nicht.

Zum Beispiel bei dem Thema Psychopharmaka. Immer wieder lese ich, die Sache sei völlig klar, in bestimmten Fällen unbedingt ja, in anderen definitiv nein. Tatsächlich kenne ich alle möglichen Varianten. Dem einen helfen sie, aber er will sie dennoch nicht, weil er sich selber fremd fühlt. Der andere will keine, stellt aber mühevoll fest, dass es ohne Tabletten sehr viel schlechter geht. Die dritte stellt fest, dass es nach einigen guten Jahren mit Medikamenten rapide schlechter geht. Manchmal steigt dann die Motivation, sich mit der psychischen Seite auseinanderzusetzen. Was ich tun kann, ist Raum für die Unsicherheit und die Schwierigkeiten zu schaffen. Es ist relevant, was jemand dazu wirklich denkt, im Zweifel beeinflusst es die Wirksamkeit der Medikamente. Auch für mich wäre eine solche Entscheidung nicht leicht.

Allerdings, so sehr ich es schätze, nicht vorschnell zu Antworten zu kommen, sondern offen zu bleiben, kann ich auch noch andere Zusammenhänge erkennen.

Ganz banal: Je erschöpfter ich bin, umso mehr zweifle ich. Es kostet viel Kraft, so viele und so intensive Beziehungen einzugehen. Ich habe einen hohen Anspruch. Da hilft nur Ruhe und Entspannung.

Und ein Zusammenhang zu meiner eigenen Biographie: Meine alte Mutter fühlt sich von mir nicht gut behandelt. Das kränkt mich sehr. Es trifft mich an einer inneren Stelle, setzt mich schachmatt. Ich habe bei ihr gelernt, mich in mein Gegenüber einzufühlen, zu verstehen und mitunter mich selbst zu übersehen. Ich muss anerkennen, dass ich ihren Ansprüchen in diesem Leben nicht gerecht werden kann. Es geht über meine Möglichkeiten. Ich komme in ihrer Rechnung nicht wirklich vor. Eine Vorlage, im Zweifel mich selbst in Frage zu stellen.

Inwieweit spielt dieses Thema eine Rolle in meinen Therapien? Versuche ich auch hier über meine eigenen Grenzen hinweg meine Patienten zu verstehen und zu unterstützen? Ist es deswegen immer wieder so anstrengend? Oder arbeite ich gar systematisch mit meinen Klienten falsch, indem ich sie zu sehr schone und stattdessen mir selber zu viel auflade? Sollte ich sie früher konfrontieren mit Begrenzungen der Therapie und ihnen mehr zumuten, damit sie mehr gewinnen können? Ist das die Kehrseite von den 15 Meter hohen Bäumen? Oder hat es mir gerade geholfen diesen Punkt gut zu durchdringen und Leute ermutigen zu können, sich zu vertrauen und Zweifel auszuhalten? Ich kann nicht wählen, ich habe beide Seiten. Das Eigene bestimmt die Möglichkeiten und die Grenzen.

Frau S. habe ich geholfen, das ist sicher. Und ich weiß auch, dass ich so arbeiten will. Dass ich etwas getan habe, von dem ich überzeugt bin. Und genauso weiß ich von vielen Kollegen, die sich immer wieder sehr ernsthaft auf ihre Klienten einlassen. Auf sehr verschiedene Weise. Ich weiß, dass es nicht auf das Etikett ankommt, auf die Therapiemethode. Zwischen zwei Therapeuten derselben Therapierichtung können Welten liegen. Genauso können zwei Therapeuten unterschiedlichster Richtungen ähnlich wirken. So wenig hilfreich ich viele Therapeuten fand, die ich kennengelernt habe, so hilfreich fanden andere sie. Sicherheit und Zweifel.

Frau S. - Eine Nachbarin

Aus einem Gespräch mit einer früheren Nachbarin:

Wir sind in die ehemalige Hauswartswohnung gezogen, als ich schwanger war. Ich habe meinen Jungen ja im selben Krankenhaus bekommen wie die Frau Peters ihre jüngste Tochter. Im Krankenhaus haben sie gesagt: Letzte Woche war schon jemand aus der Steinstraße da. Die Frau Peters ist dann im nächsten Jahr gestorben.

Der Herr Peters war sehr fleißig, aber die Mutter, wenn er gearbeitet hat, hat sie die Männer reingelassen. Das ging ja rein und raus. Der Mann ging abends arbeiten, er war noch nicht um die Ecke, da kamen die Männer, die gaben sich die Klinke in die Hand. Der Mann wusste von nichts, der war so'n büschen meschugge. Wenn er mal draußen war, hat er auf der Bank gesessen. Die Frau war raffiniert, sie war unersättlich. Der wusste das nicht, er war nicht normal im Kopf. Aber er hat sich sehr um seine Kinder gekümmert. Die waren ja gar nicht seine, er konnte wohl keine kriegen, oder so was?

Die Susanne war 'ne Nette, die Kinder waren eigentlich alle nett, ich kann nichts gegen sie sagen. Wir wohnten ja nebenan. Ich weiß noch, es gab gerade Farbfernsehen und wir haben aus der Wohnung Tag und Nacht den Fernseher gehört und das Licht war an. Da haben wir geguckt und den Mann da liegen gesehen. Und in der Wohnung sah es aus, die hatten wohl nicht so viel gemacht, der Mann und das Mädchen.

Der Vater hat sich nach dem Tod der Mutter sehr um seine Kinder gekümmert. Sie waren immer sauber angezogen, so wie er das als Mann machen konnte. Er musste ja arbeiten gehen, das war ja damals nicht so, dass man sich 'ne Auszeit nehmen konnte oder so. Er hat sich darum bemüht, dass sie ordentlich untergebracht waren, hat ein gutes Heim gesucht. Darauf war er stolz, das hat er uns erzählt.

Er hat uns auch immer erzählt, wie er sie besuchen gefahren ist und was er für sie gekauft hat. Er hat uns die Geschenke gezeigt, die er für sie zu Weihnachten und zum Geburtstag gekauft hat. Der Vater war sehr fleißig, er ist immer arbeiten gegangen, hat nichts gemacht, nicht getrunken, ist nicht in 'ne Kneipe gegangen.

Die Susanne mochte er am liebsten. Die hat er ja auch geholt, um ihm den Haushalt zu machen. Sie war ja auch 'ne Hübsche. Sie hatte so schöne volle Locken, die anderen hatten glatte Haare. Die Babs war'n bisschen molliger. Er hat ihr Nähmaschinen gekauft, sie nähte wohl gerne. Und er hat sie auf die Berufsschule geschickt. Aber er hat auch gesagt, dass sie nichts von dem machte, was er ihr sagte.

Aber vielleicht? Soll ich es sagen? Die kleinen Jungen, ich hatte ja auch so'n kleenen Bengel, die Jungs lachten schon mal und sagten: „Susanne, die Große, macht noch in die Hose", weil sie da manchmal nicht ... so drauf achtete wie sie ihre Röcke trug, damals waren ja die ganz kurzen modern, und dann juckte sie sich mal zwischen die Beene. Ob da doch mal wat war?

In der Wohnung war nicht viel gemacht, so wie der Mann und das Mädchen da lebten. Das sah schon so aus. Die Leute haben geredet, dass sie wohl auf den Strich gegangen ist. Mehr kann ich nicht sagen. Sie war eine Nette.

Die Therapie - Irritation

Ich bin irritiert und Frau S. spürt es. Sie fragt vorsichtig: „Haben Sie schon etwas gefunden? Die haben damals gesagt, ich sei schuld, nicht wahr, ich sei schlecht gewesen, sei anschaffen gegangen. Aber das stimmt nicht." Noch habe ich keine klare Haltung, weiß nicht recht, was ich denke und wie ich sie ansprechen kann. Ich halte mich bedeckt. Ja, so etwas steht da. Wir wenden uns anderen drängenden Themen zu.

Es ist nicht so, dass diese Seite nicht zu ihrer Geschichte passt. Ein Mädchen, das keine Umarmung, keine Zuwendung erlebt hat, kann leicht auf den Gedanken kommen, sich Nähe über Sexualität zu suchen. Aber was bedeutet es, dass sie es nicht erzählt hat? Wie weit reicht ihr Vertrauen?

Und es passt auch weiter nicht zusammen. Die Nachbarin sagt, der Vater habe seinen Kindern Geschenke gemacht und ihr davon auch Fotos gezeigt. Frau S. meint, sie habe nie Geschenke bekommen. Die Beschreibung des Vaters als „meschugge" geht mir im Kopf herum. Das kann ich leichter fragen. Ich berichte von dem Telefonat und frage: Stimmt es? War ihr

Stiefvater „nicht ganz richtig im Kopf"? Frau S. bestätigt es sofort: Ja, es stimmt, mein Vater war so etwas langsam im Denken. Ein bisschen ist auch mein Bruder so.

Wieso hat sie es bisher nicht erzählt? Wie kann so jemand seine Frau zwingen, mit anderen Männern Sex zu haben. War es vielleicht doch ganz anders? Was hatte der Vater? Geistig und psychisch? Die Mutter hatte vielleicht eine Borderline-Störung: Häufig wechselnder Geschlechtsverkehr als Ventil, um einerseits Ängste und Verlassenheitsgefühle zu regulieren und andererseits sich selber zu verletzen. In Beziehungen findet sich häufig sowohl Abwertung und Verachtung als auch eine weitreichende Unfähigkeit sich abgrenzen und zur Wehr setzen zu können. Oder hat Frau S. sich eine Geschichte zurecht gelegt? Um ihre Schuldgefühle zu regulieren? Können wir das hier besprechen?

Unser Vertrauen ist gefährdet. Können wir darüber reden? Ich erzähle mehr von dem Telefonat mit der Nachbarin. Frau S. ist irritiert: Aber sie müsste doch wissen, dass die Polizei immer zu uns kam. Wir sind ja immer an ihrer Wohnung vorbei zur Telefonzelle gelaufen, um die Polizei zu holen. Uns Kinder hat er nicht geschlagen, aber meine Mutter hat er oft geschlagen. Er hat sie ja in den Bauch getreten, im achten Monat. Und meine Mutter hat immer geschrien. Das klingt differenziert und glaubwürdig.

Ich sage, dass es hier um sie geht, dass wir versuchen sie zu verstehen, dass es aber auch nie einfach ist, sondern immer Ambivalenzen gibt. Es wäre auch möglich und verständlich, wenn sie bei ihrer Mutter zum Beispiel Selbstmissachtung und Verachtung für den

Vater gelernt hätte und im Nachhinein in ihrer Not ihre Tat für machbar und begründet erklärt hätte. Genauso wie es sein kann, dass die Nachbarin nur eine falsche Seite kennenlernte, wie sie sich ja auch nicht wunderte, woher die vielen Kinder kamen, wenn der Mann keine kriegen konnte, und wieso er sich so um sie kümmerte.

Tatsache ist, dass sie sich im direkten Kontakt immer wieder keinen Raum nehmen kann. Nicht bei der Tochter, nicht beim Nachbarn, weder bei Frau Roth und auch nicht bei mir. Das kann ich sehen und das passt zu ihrer Geschichte. Beides wäre in Ordnung. Ich versuche ihr zu verdeutlichen: „Es geht doch darum, dass es Ihnen besser geht."

In einer der nächsten Stunden sagt sie: „Ich muss Ihnen etwas sagen. Ich bin anschaffen gegangen, früher, als ich von Frau Albrecht weg war. Ich schäme mich sehr dafür. Ich habe es eigentlich nicht wegen dem Geld getan. Ich weiß auch nicht, wieso."

Ich überlege: Frau S. sagt sehr glaubwürdig, dass Herr Schneider aus dem Frauenwohnheim ihr die Akte gezeigt habe, in der gestanden habe, dass der Stiefvater wegen schwerer Kuppelei verurteilt worden sei. Auch hat Herr Schneider mir am Telefon bestätigt, dass es diese Akte gab, er sie aber, wie von Frau S. gewünscht, vernichtet hat.

Im Studium hatte uns unser Professor, eine Koryphäe auf dem Gebiet der Aussagepsychologie, uns beigebracht, zwischen der Glaubwürdigkeit der Person und derjenigen der Aussage zu unterscheiden. Die Aussage ist stimmig, wenn sie detailreich, emotional stimmig, in zusammenhanglosen Fetzen und für den Aussagenden unvorteilhaft ist. Das ist der Fall: Frau S. erinnert viele einzelne Details, es fällt ihr oft schwer weiter zu sprechen, sie gibt sich fast immer selbst die Schuld. Heute gibt es keine Akte mehr und keine Zeugen.

Erst einige Zeit später wird ihre Schwester erstmalig aussprechen, dass Frau S. dasselbe erlebt hat wie die Tochter der Schwester, nämlich Missbrauch.

Die Therapeutin - Sexueller Missbrauch

Als Frau S. jung war, dachte kein Mensch an sexuellen Missbrauch. Erst Ende der 70er Jahre kam das Thema auf, Vereine wie „Zartbitter" oder „Wildwasser" wurden gegründet, deren Ziel es war, das Schweigen zu brechen und Menschen mit Missbrauchserfahrung in der Kindheit zu helfen. Zunehmend wurde das Thema in der Öffentlichkeit diskutiert. Das Wohl der Kinder berührte viele.

Ende der 90er Jahre wurden in Münster oder bei den „Wormser Prozessen" eine erschreckend große Anzahl von Eltern und Erziehern zunächst des sexuellen Missbrauchs angeklagt, vor Gericht dann aber für unschuldig befunden. Ende 2001 recherchiert eine Gerichtsreporterin einen Fall[31], in dem ein Mädchen zu Unrecht ihren Vater und ihren Onkel der Vergewaltigung beschuldigt hatte. Aufgrund ihrer Recherchen wurde der Fall wieder aufgenommen und führte zu einem Freispruch der Männer. Die Bereitschaft, sich mit dem Thema zu beschäftigen, nahm ab.

Ebenfalls Ende der 90er wurde Missbrauch durch Schüler und Lehrer an der Odenwaldschule thematisiert, blieb aber fast zehn Jahre ohne Beachtung durch die Medien. Möglicherweise, weil durch die oben genannten Prozesse die öffentliche Stimmung eher vorsichtig und desinteressiert war? Das allgemeine Wegschauen wiegt umso schwerer, da der Leiter des Internates enge Verbindungen zur pädagogischen und kulturellen Elite, teils auch zur Wirtschaftselite Deutschlands hatte, wo doch Weitblick und kritische Fragen hätten erwartet werden können.

Anfang 2004 gründeten ehemalige Heimkinder einen Verein, um sich gegen erlittene Gewalt und sexuellen Missbrauch aus der Zeit nach dem zweiten Weltkrieg bis 1985 zu wehren. Sechs Jahre später forderte der Leiter des katholischen Jesuiten-Kollegs in Berlin, nachdem ihm mehrere Missbrauchsfälle an Kindern und Jugendlichen aus den 1970er und 1980er Jahren bekannt geworden waren, weitere ehemalige Schüler und Absolventen auf, sich bei ihm zu melden, wenn sie Ähnliches erlebt hätten. Damit löste er eine massive Aufklärungswelle aus, in deren Folge sich auch die Bundesregierung und der Papst mit dem Thema befassten.

Es ist also einiges geschehen in den letzten 25 Jahren. Die öffentliche Reaktion schwankt häufig zwischen Empörung und Wut über die Missbraucher oder Zweifel und Nicht-Wissen-wollen. Schon Freud glaubte zunächst, reale Missbrauchserlebnisse als Ursache für psychische Krankheiten gefunden zu haben. Nachdem er von der Fachwelt ignoriert wurde, änderte er seine

Theorie - hin zu phantasierten sexuellen Wünschen der Kinder.

Bei sexuellem Missbrauch die Wahrheit heraus zu finden, ist nicht einfach. Es gibt keine Zeugen: Kindern, deren Erinnerungsfähigkeit im Aufbau ist, wird Druck gemacht, diese Erfahrung nicht zu speichern. Die Überforderung der Seele begünstigt die Abspaltung und Verdrängung des Erlebten. Erinnerungen werden beeinflusst von den Bestätigungen, die ich dazu erfahre oder nicht erfahre. So ist es also möglich, dass ich etwas Erlebtes jahrelang nicht erinnere oder dass ich es zwar erinnere, aber immer wieder sehr unsicher bin und meine Erinnerung anzweifle. Genauso gut ist es möglich, dass ich mir einer Erinnerung sicher bin, die so nie stattgefunden hat, sondern die für etwas anderes steht.

Heute wird psychisches Leiden viel eher als versteh- und behandelbar, denn als persönlicher Makel oder Versagen verstanden. Möglicherweise nicht zuletzt deswegen, weil es in den letzten Jahren für viele Menschen, auch für wenig Begüterte, eventuell durch Missbrauchserlebnisse in ihrer Arbeitsfähigkeit beschädigte Menschen möglich war, sich auf Krankenschein mit Hilfe eines Psychotherapeuten durch das Dickicht ihrer Erinnerungen zu wühlen.

Frau S. - Therapie - Heute

Die Therapie ist nicht leicht. Es ist harte Arbeit. Ich sag immer: Es wird einem nichts geschenkt. Ich habe es so nicht erwartet. Am Anfang dachte ich, es geht ganz schnell. Aber das stimmt nicht. Es gab viele schwierige Zeiten, gerade am Anfang. Man geht da hin und dann kommt alles hoch. Aber danach geht es mir besser. Die Frau Breunig war immer für mich da. Egal womit, ich konnte immer kommen. Das braucht man doch.

Es ist auch immer noch schwierig. Aber es geht mir besser. Ich bin so stolz darauf, was ich alles geschafft habe. Ich lebe alleine, ich komme eigentlich gut klar. Ich schneide mich nicht mehr. Ich habe jetzt andere Möglichkeiten, ich höre Musik, mache meine Wohnung schön oder ich rede mit jemand. Und wenn ich Angst habe, wenn ich Geräusche vom Balkon höre, nachts, dann kann ich oft nachgucken. Manchmal nicht direkt, aber oft denke ich dann: „Du kannst jetzt entweder hier Angst haben, oder du kannst gucken." und dann geht es mir besser. Oder ich rufe an, spreche auf den Anrufbeantworter von Frau Breunig. Das hilft schon, zu wissen, dass sich da jemand interessiert.

Ich habe viel Angst gehabt in meinem Leben. Ganz viele Ängste. Schlimm ist, wenn ich glaube, dass unter meinem Bett jemand ist, der mir die Füße wegziehen will und dann, wenn ich aufstehe, mich umbringen will. Dann habe ich solche Angst, das ist nicht auszuhalten.

Ich habe auch Angst, wenn ich im SPZ bin zum Beispiel. Wenn ich von meinem Tisch aufstehen muss, um mir einen Kaffee zu holen, an allen Leuten vorbei gehen und alle gucken mich an. Das geht dann gar nicht. Ich kann nicht aufstehen. Da bleibe ich oft lieber zu Hause.

Oft habe ich eine wahnsinnige Wut. Wenn ich im Fernsehen sehe, dass es um Kinderschänder geht. Dann kriege ich so einen Hass, das ist nicht auszuhalten. Das klingt jetzt blöd, aber dann denke ich, die müsste man umbringen. Aber oft geht es mir dann bald schlecht und ich will schneiden. Ich freue mich, dass ich das heute nicht mehr mache.

Wut habe ich auch, wenn mein Nachbar kommt und seinen Abfall, seine Chipstüte, einfach bei mir liegen lässt. Oder das Fernsehprogramm einfach so ändert. Ja, was macht der denn? Wie kann der das denn machen? Ja, heutzutage wird man ausgenutzt, wenn man gut ist. Der erzählt mir immer von den schlechten Menschen, er labert mich voll, mit seinen Problemen. Ich will das gar nicht. Von mir würde ich ihm nichts erzählen, so jemand schon gar nicht. Aber wenn der sich so verhält und nicht geht, das macht mich wahnsinnig wütend. Ich ärgere mich dann über mich, dass ich so blöd bin und mich nicht wehren kann.

Manchmal ist die Zeit einfach weg. Die Leute wundern sich immer, wie ich so lange auf dem Sofa sitzen kann, einfach sitzen und nichts tun. Ich weiß auch nicht, wie ich das mache. Aber das kann ich. Das habe ich ja im Knast ganz lange gemacht. Und von zu Hause kenne ich es auch. Diese Stille.

Heute geht es mir zwar besser, aber oft spüre ich auch so einen richtigen Ekel. Also das Thema Missbrauch … man fühlt sich da so schlecht. Da will ich nicht drüber sprechen. Es ist nicht leicht darüber zu sprechen. Dann schämt man sich so, man fühlt sich so schlecht, das ist zu viel. Aber danach ist es oft besser.

Die Therapie - Sechstes und siebtes Jahr

Die Idee, die Geschichte von Frau S. zu veröffentlichen, verschwindet nach und nach wieder in der Schublade. Noch eine Weile sprechen wir davon. Frau S. geht es mehr oder weniger gut. Wir zeichnen einzelne Sitzungen auf, wenigstens um später noch einmal reflektieren zu können. Aus dem wilden Quell ist eher ein ruhig fließender Fluss geworden. Nicht, dass es keine Probleme mehr gibt. Aber wir können nun immer wieder auf bereits Erarbeitetes zurückgreifen. Bekannte Themen werden gründlicher bearbeitet.

In der Therapie taucht ein neuer Gedanke auf. Sie muss öfter an den Vater denken: „Ja, es stimmt: Er war nicht nur schlecht. Jeder hat gute und schlechte Seiten. Ich habe bei meiner Schwester einmal ein Foto gesehen, von früher. Es war an Weihnachten, ich und meine jüngeren Geschwister, da hat er uns etwas geschenkt." Oder: „Er war in russischer Gefangenschaft. Den Entlassungsbrief hat er uns gezeigt und seine Narben. Auch wenn er sonst kaum gesprochen hat, das hat er erzählt. Und seine Eltern waren ja gar nicht da. Ich weiß nicht, ob die gestorben sind."

Der Vater kommt als Person näher. „Ich habe oft Angst so zu werden, wie mein Vater. So komisch. Als ich aus dem Heim kam, das war schlimm." Sie wird ganz starr, die Stimme ist dünn. „Als ich zu ihm kam, … das war, … meine Mutter hatte ja schon ein Babybett gekauft. Wir wohnten in der Zweizimmerwohnung zu acht, und es war alles noch genau so, wie damals. … Das Babybett war noch da. Er hatte alles so gelassen. Nach fünf Jahren!"

Diese Erinnerung ist leichter in Worte zu fassen als andere Erinnerungen. Sie war überfordert, hat es nicht verstanden und konnte ihre Not nicht ausdrücken. „Was glauben Sie, wieso er es so gelassen hat? Hat er getrauert?" „Nein, er hat nicht getrauert. Er kam nach Hause von der Klinik und hat nur gesagt: Eure Mutter ist jetzt tot."

Sie erinnert immer wieder vage einzelne Situationen, aber sie will sich nicht erinnern, schon gar nicht vor jemand anderem. Der Vater ist betrunken, ein Mann sitzt an ihrem Bett? Nein, es ist zu belastend. Lieber die Erinnerung wieder in eine Kiste stecken und vertagen.

Wir beschließen nach eineinhalb Jahren, doch wieder einen Psychotherapie-Antrag zu stellen.

Frau S. lebt mehr. Sie erlebt mehr. Gefühlsmäßig geht es rauf und runter, und zwar heftig. Sie geht mehr raus, will mehr selber entscheiden, aber sie bekommt auch Angst, riesige, unüberwindbare Angst. Tanja fragt mehr. Sie kann weder dem Nachbarn Grenzen setzen noch ihrer Tochter. Es treten verschiedene körperliche Probleme auf. Herzprobleme, Schwindel, Kreislauf. Die Beine sacken weg. Als sie einmal auf der Straße umfällt und niemand ihr hilft, sondern alle weitergehen, tobt es in ihr „Wieso hilft mir keiner? Ich lag da wie'n Käfer und alle gehen weiter. Die denken vielleicht, ich bin betrunken. Aber das war ich nicht. Det war so … demütigend." Der Drang, aus der Wohnung raus, in die Welt zu gehen, wird empfindlich gebremst. „Ich schaffe das alles nicht. Ich will das nicht erleben. Ich kann nicht zu Ihnen kommen." Wir reflektieren Gefühle. Ich nehme Anteil, aber zu ihr kommen kann ich nicht. Also einen Schritt zurück, sie muss sich wieder helfen lassen, auch um zur Therapiestunde zu kommen.

Abends, wenn es dunkel ist, kommen die Ängste, Ängste, dass jemand über den Balkon kommt, vielleicht ihr Bruder, der seine Drohung wahr machen will? Dann spürt sie Lebensgefahr und es ist niemand erreichbar. So eine Angst. „Ich schließe mich dann auf der Toilette ein, der einzige Raum, den ich abschließen kann, halte den Kater fest und versuche alle anzurufen. Diese Angst ist so riesig. Und alle gewöhnen sich so schnell daran, dass ich jetzt nicht mehr schneide. Keiner sagt mehr: 'Das haben Sie toll gemacht.' Ich weiß, es ist nicht richtig, aber ich spür dann manchmal so'n Hass, so'ne Wut. Und dann will ich wieder schneiden."

Es braut sich wieder etwas zusammen. Und dann auch noch Weihnachten. „Alle Geschwister sind zusammen und ich bin allein. Auch Tanja ist nicht gekommen." Ihr Bezugspfleger wechselt. Aber gut, über diese Krise geraten ihre Medikamente in den Blick. Immer noch nimmt sie regelmäßig Valium. Der Gutachter, der den gestellten Fortführungsantrag begutachten soll, moniert das und lehnt die Therapieverlängerung ab. Dass er moniert, ist gut. Valium dämpft und schafft als Nebenwirkung selber Ängste. Aber die Therapie ganz ablehnen? Was soll das? Zum Glück gibt's einen Obergutachter und mit eindeutig positiven Berichten der jetzigen und früheren Ärzte und dem klaren Entschluss, nun Valium komplett zu entziehen, wird die Verlängerung genehmigt. Der schrittweise Entzug ist schwer.

Ich zweifle immer mehr an der Idee, die Geschichte von Frau S. aufzuschreiben und zu veröffentlichen. „Nein" zu sagen ist das große Thema von Frau S. Sie ist auch heute noch nicht in der Lage „Nein" zu sagen, wenn sie etwas nicht möchte. Wie kann sie dann „Ja" zu einem solchen Projekt mit unüberschaubaren und möglicherweise weitreichenden Folgen sagen? Meine Idee mit ihrer Schwester zu sprechen, lehnte sie zwar nie ab, spricht sie jedoch auch nie von sich aus an oder tut irgendetwas, um dies zu befördern.

Eines Tages habe ich eine telefonische Terminabsage von Frau S. auf dem Anrufbeantworter. Offensichtlich hatte sie nicht richtig aufgelegt und ich höre eine abschätzige Lache: „Haha, da gehe ich doch nicht hin, das habe ich geschafft." Uff, was ist das? Täuscht sie mich und alle anderen? Nachdem ich meinen Ärger eingesammelt habe und wieder frei für sie bin und mich fragen kann: „Was will sie wirklich?", spricht sie von sich aus das Thema an. „Ich sage ja manchmal ab, obwohl ich kommen könnte, nur so, weil ich dann an dem Tag gar nicht will, oder kann, aber auch nicht will." „Ja und? Es geht doch um ihren Willen! Nur ist es für mich besser, wenn ich es rechtzeitig weiß, da ich sonst halb auf sie eingestellt bin und nur halb frei für anderes." „Ja, so habe ich das noch nie gesehen." Und wieder kann sie etwas besser, vor allem früher, entweder mit oder ohne Angabe von Gründen absagen und noch etwas regelmäßiger und zuverlässiger kommen, wenn sie es will.

Die Therapeutin - Missbrauch und Klarheit

Als Kind verbrachte ich häufig die Sommerferien bei Tante und Onkel. Mit meiner nur ein Jahr älteren

Cousine habe ich viel gespielt und später in der Firma meines Onkels öfter ausgeholfen. Als erwachsene Frau ging meine Cousine wegen somatischer Symptome in Therapie, in deren Verlauf zunächst ganz vage, später deutlicher eine Erinnerung an Missbrauch auftauchte. Am Ende war sie sicher, dass es ihr Vater gewesen sei. Als ihr Vater von den Vorwürfen hörte, reagierte er zutiefst verletzt, fassungslos und dann auch wütend. Souveränität war noch nie seine Stärke.

Die Geschwister meiner Cousine sind hilflos. Ich auch. Was stimmt? Beide Seiten wirken glaubwürdig. Sie fühlen sich unter Druck, sich für den einen oder anderen entscheiden zu müssen. Braucht die Schwester ihre unbedingte Loyalität? Verändert es etwas in der eigenen Beziehung zum Vater?

Der Bruder bricht den Kontakt zum Vater ab, die Schwester sucht das Gespräch. In diesem Zusammenhang kommen heimliche Bordellbesuche des Vaters zutage. Ist das ein Indiz? Die Cousine schien eine engere Bindung zum Vater als zur Mutter gehabt zu haben und ihn während der Trennung ihrer Eltern schmerzlicher vermisst zu haben. Der Onkel erinnert, dass er erleichtert gewesen sei, dass die Kinder schon so groß gewesen seien und ihn nicht mehr so sehr zu brauchen schienen. Meine Cousine erinnert sich an Eifersucht auf seine spätere zweite Frau. Mühsam gesteht der Mann sich hier einen Fehler ein: Er hätte sich mehr kümmern sollen. Aber diese Themen sind nicht besprechbar. Wieso ist der Mann so unsouverän und wütend? Weil der Vorwurf stimmt? Oder weil er so tief gekränkt ist? Die Cousine hat wenig Bedürfnisse, sich mit ihrem Vater auseinanderzusetzen. Es scheint ihr gut zu tun, den Kontakt abzubrechen. Der Onkel wirkt niedergeschlagen. Der Riss geht durch die gesamte Großfamilie.

Es ist nicht leicht, richtig und falsch zu unterscheiden.

Allerdings ist es leicht, etwas falsch zu machen. Eine einfache Lösung wäre so schön. „Ihr Vater ist schlecht. Gemein. Weg damit." Oder „Was für eine Unverschämtheit von der Tochter." Und dann? Es löst keine Probleme. Oft gibt es keine einfache Lösung, rechtliche Klärungen sind kompliziert und bringen viel Belastung mit sich, Verjährungsfristen sind zu kurz und moralische Schuld kann nur schwer bewertet werden. Manche Wahrheit kann nicht aufgeklärt werden. Für emotionale Überforderung, dafür, allein gelassen worden zu sein, obwohl man jemand gebraucht hätte, gibt es keine Anerkennung. Es gibt keinen Humangerichtshof.

Wenn der verständliche, dringende Wunsch nach einer Entschuldigung, einer Anerkennung der Schuld immer wieder enttäuscht wird, fühlt sich das genauso unangenehm hilflos an wie das Gefühl, das man gerade loswerden will. Es bleibt genau das aus, was ich mir so sehr wünsche: Eine Anerkennung meines Leidens, am besten von meinen Eltern. Stattdessen muss ich wieder einmal erleben, dass ich nicht in der Lage bin, den Kontakt zu einem mir wichtigen Menschen so zu gestalten, wie ich das möchte.

In meiner therapeutischen Arbeit versuche ich einen Raum für die vorhandenen Schwierigkeiten zu schaffen: Keiner muss etwas wissen, was er oder sie nicht weiß. Manchmal braucht es mehr Kraft auszuhalten, dass es keine Gewissheit gibt und möglicherweise nie geben wird, oder dass jemand einsam war und Wünsche nach väterlicher Unterstützung ein Leben lang unbefriedigt bleiben werden. Die meisten Patienten empfinden neben Wut auf ihren Vater auch den Wunsch von ihm anerkannt zu werden. Fehlt dieser väterliche Rückhalt, ist es oft sehr schwer, sich in nahen Beziehungen zur Wehr zu setzen. In der Therapiesituation kann ich erkennen, wenn jemand sich systematisch zurücknimmt, anzweifelt oder niedermacht. Daran kann ich etwas verändern. Er kann heute stärker werden und seine Angst verlieren, unterlegen zu sein. Hier gibt es viele Themen, die es lohnt zu bearbeiten.

Der Begriff „sexueller Missbrauch" legt eine in gewisser Hinsicht entlastende Eindeutigkeit nahe. Weil du das erlebt hast, geht es dir heute so und so. Ja, es stimmt, zu verstehen, wieso ich so leide und wie genau meine Vergangenheit meine Gegenwart beeinflusst, entlastet sehr und ist tatsächlich hilfreich, weil dadurch Ansatzpunkte für Veränderung sichtbar werden. Aber es ist auch wahnsinnig schwer, genau zuzuordnen, welches Erlebnis was bewirkt hat. Tatsächlich geht es nie nur um ein Ereignis. Der emotionale Hintergrund spielt eine große Rolle. Gab es jemanden, der mein Leid bemerkt hat? Habe ich Trost erfahren? War es möglich etwas zu verändern, zu verbessern? Oder eben nicht? Es ist ja oft gerade das Fehlen von Handlungen, die in ihrer Gesamtheit aber auch ein Bild vermitteln: „Deine Bedürfnisse sind nicht wichtig. Du bist nicht wichtig." Diese Erfahrungen sind oft schwer aufzulösen, weil sie so wenig sichtbar sind. Oft werden sie nicht ausgesprochen, sondern subtil in Haltung, Gestik und Mimik ausgedrückt.

Missbrauch ist definitiv eine massiv verletzende, traumatisierende Erfahrung. Und sie steht nie allein. Meist geht sie einher mit einer grundlegenden Erfahrung: Ich werde mit wichtigen Bedürfnissen nach Beachtung und Geborgenheit ignoriert, massiv negativ bewertet und über Gefühle kann nicht gesprochen werden. Frau S. kann sich nicht gut abgrenzen. Das ist wahrscheinlich sowohl eine Folge des erlebten Missbrauchs als auch der massiven emotionalen Nichtbeachtung, die sie erlebt hat.

Viele Menschen im psychotherapeutischen Alltag, die durchaus stark leiden, haben eine weniger schlimme, aber auch eine weniger eindeutige Geschichte. Ein Mann, der als Kind immer den Erzieherinnen und großen Mädchen nachlief und mit ihnen kuscheln wollte: Hat er Missbrauch erlebt und erinnert es nicht? Oder ist es „nur" die Not eines ungewollten Kindes einer streng katholischen Mutter, die sich ihren vorausgegangen „Fehltritt" nicht verzeihen konnte und die, vorwiegend um es ihren Eltern recht zu machen, streng katholisch geheiratet hatte, aber nicht glücklich war und zu ihrem Sohn keine rechte Beziehung aufbauen konnte? Hier ist es oft schwer, sich einen „Grund" für das eigene Leid zuzugestehen.

Solche Differenzierungen sind oft nicht leicht auszuhalten. Wir wünschen uns eine klar definierte Position, einen klaren Standpunkt. Mir scheint es jedoch sinnvoll, einen inneren Frieden zu finden, indem wir in der Therapie beginnen, Raum für den Menschen und alle vorhandenen Schwierigkeiten zu schaffen. Darf ich da sein, so wie ich bin? Mit allen Ängsten, Fragen, Unsicherheiten und Schwächen, egal, ob ich einen Grund dafür erkennen kann oder nicht? So kann der Klient Luft bekommen, Kraft und Ruhe finden. Das ist kompliziert und oft schmerzhaft, aber ich fürchte, wir müssen damit leben. Mit der Wahrheit der Cousine und des Vaters, der Geschwister, Arbeitskollegen, Nachbarn und den Ungewissheiten. Nicht abwarten und weiter leiden, sondern lieber beginnen, sich selber zu unterstützen.

Bezogen auf die Idee, ein Buch zu schreiben, werden die Schwierigkeiten leider immer eindeutiger. Ich muss anerkennen: Die wahre Geschichte zu erzählen ist nicht möglich. Ich verwerfe die Idee und überlege, einen hypothetischen Therapieverlauf zu konstruieren.

Frau S. - Was ist möglich?

Ich wünsche mir so sehr eine Familie. Ich denke auch viel an meine Geschwister. Meine Nichte, die, die sich schneidet, hat einmal für ein paar Wochen bei meiner Schwester gewohnt. Aber als sie sich dort geschnitten hat, hat meine Schwester sie rausgeworfen. Knallhart. Das tat mir weh. Obwohl ich es auch verstehen kann. Aber was soll die denn machen? Sie ist 22, hat einen Sohn und lebt im Wohnheim! Wie lange habe ich gebraucht. Was ich noch nicht so lange weiß: Auch sie hat Missbrauch erlebt. Ihre Mutter muss das doch mitbekommen haben. Sie hat sie nicht beschützt! Aber wenn man bedenkt, was sie selbst erlebt hat: Den ganzen Tag in einer dunklen Ecke nur mit dem ungenießbaren Brot.

Ich würde ihr sehr gerne helfen. Ich könnte das doch. Ich könnte ihr doch Mut machen, dass sie nicht so lange braucht wie ich. Aber ich schaffe es nicht, ich traue mich nicht, mich bei ihr zu melden.

Es ist schön, dass ich einen so engen Kontakt zu meiner älteren Schwester habe. Wir sprechen oft miteinander. Sie ist so lieb. Letztens hatte sie ein Geschwür an der Leber und musste operiert werden. Das ist so schwer zu ertragen. Sie hat das doch nicht verdient. Sie hat doch nichts getan.

Sie will, dass ich sie besuche. Aber das traue ich mich nicht. Ich traue mich auch nicht, es ihr zu sagen. Was, wenn dann die anderen kommen? Das kann ich mir gar nicht vorstellen. Ich glaube, sie merkt es schon. Sie will in der Adventszeit nach Berlin kommen, Einkäufe machen und so. Da wollen wir uns treffen. Ich freue mich sehr sehr sehr darauf. Sie kommt mit ihrem Mann und ihrem Enkel. Die wollen mich auch sehen. Sie wissen gar nicht, was das für ein schönes Gefühl ist, wenn ich dann zurück in meine Wohnung komme.

Jetzt geht es mir oft so gut und dann kommen die ganzen körperlichen Probleme. Die Füße tun mir weh. Die Kraft aus den Beinen geht plötzlich weg. Manchmal kommt mir der Boden so entgegen, mir wird schwindelig. Ich falle immer wieder hin. Sie machen Untersuchungen und Untersuchungen. Jetzt sagen sie, es ist die Herzklappe. Aber so schlimm ist es wohl auch wieder nicht, jedenfalls ist es wohl nicht schlechter geworden. Die Ärztin sagt, die Schmerzen und das

Fallen könnten ja auch psychosomatisch sein. Die müssen da doch was machen können. Da fühlt man sich so allein. Und auch schuldig. Als ob ich das selber mache. Also ob ich nur so tue.

Manchmal träume ich schlecht. Von den Schnittverletzungen. Aber nicht, dass ich es selber tue, sondern dass mir jemand wehtun will. Ich muss auch viel an die Verletzungen denken, die mir zugefügt worden sind. Das ist so schlimm. Es tut so weh. Man fühlt sich so schlecht. Es ist zu hart. Ich würde gerne darüber sprechen, aber ich kann es nicht.

Wenn ich richtig an den Mord denke, kann ich mich eigentlich an nichts erinnern. Ich wollte doch nur, dass er weg ist. Ich wollte ihn nicht wirklich töten. Aber ich habe es getan. Ich habe nichts gefühlt. Ich kann mich nicht erinnern. Obwohl ich mich tagelang damit beschäftigt habe. Nachts bin ich zurück und hab ihn im Wohnzimmer gesehen. Ich hätte doch noch etwas tun können. Ich kann es nicht verstehen. Und dann kamen die Kripoleute und sagten: „Sie haben ihren Vater umgebracht." „Was? Was habe ich getan?" Wenn man so etwas getan hat, ist irgendwann auch alles egal.

Die Therapie - Abgrenzung Tanja

Seit Wochen ist Tanja psychotisch und geht nicht zum Arzt, ihre Wohnung wird gekündigt, sie trinkt, nimmt Drogen und besetzt das Schlafzimmer von Frau S.. Der Vorteil, dass sie abends nicht alleine sein muss, wird immer geringer im Vergleich zu dem Stress, den sie empfindet. Tanja fabuliert und lässt Zigaretten auf dem Nachttisch verqualmen.

In wirklich kleinen Schritten nähert sie sich dem Neinsagen. Ein hartnäckiger Gedanke bremst sie: „Ich bin ja schuld, dass es ihr so schlecht geht, da kann ich sie doch nicht auch noch wegschicken." Der Gedanke wechselt mit heftiger Abwehr: „Ich halte es nicht mehr aus, sie ist doch erwachsen, das kann doch nicht wahr sein. Was ist sie nur für eine Tochter." Sie erlebt große Freude über sich selbst, wenn sie geschafft hat, „Nein" zu sagen. Doch bald folgt die Ernüchterung, wenn Tanja einfach da bleibt oder wiederkommt. Noch ein Gespräch mit Tanja und noch eins. Und auch mit ihren Helfern: Ja, es geht ihr schlecht, weil sie es schwer hatte in ihrer Kindheit. Aber es nutzt nichts. Sie kann es ihr nicht abnehmen. Sie kann nur sagen, was sie denkt und was sie weiß: „Ich habe ihr gesagt, sie muss zum Arzt und ich würde mit ihr gehen." Aber Tanja kommt nicht morgens, sondern abends und bleibt über Nacht. Mühevoll fällt sie den Entschluss, die Tür nicht zu öffnen und tut es dann doch wieder. „Wieso kommt keiner und hilft mir. Ich kann das nicht." Ich entgegne ihr: „Es wird keiner kommen. Tanja kommt dann, wenn sie alleine sind. Es zählt, was sie tun, was sie wirklich wollen."

Nachdem Frau S. wieder einmal klagte, Tanja wäre gekommen und sie hätte sie nicht vor die Tür setzen können, nicht die Polizei holen können, höre ich ihr zu und fragte mich, wieso es nun schon seit einer Weile so im Kreis läuft? So wie es beim Schneiden lange im Kreis gelaufen ist. Damals hatte sie gesagt, dass sie die

Zuwendung über das Schneiden, die Aufmerksamkeit und Berührung genießt. Und dann konnte sie sehen, dass sie einen hohen Preis dafür bezahlt. Auch heute bekommt sie viel Aufmerksamkeit und Zuwendung für ihre Probleme mit Tanja. Alle wollen ihr helfen.

Ich erzähle ihr meine Überlegungen. Kann es sein, dass die Aufmerksamkeit sie festhält? So wie früher? Dadurch, dass sie ihre Tochter immer wieder wegschickt und sie dann doch wieder hereinlässt, kann diese nicht erkennen, was sie will. Frau S. wird ruhig und berührt. „Ja, ich weiß, was sie meinen. Das ist ja so nicht richtig. Aber es stimmt schon, ich bekomme viel Aufmerksamkeit durch sie." ... Hm, ja, kann sie es sich zugestehen und sehen, dass sie auch andere Gefühle hat? „Ja, .. man fragt sich dann immer, was habe ich getan, ich schicke sie immer wieder weg, was tue ich ihr an."

Ich bin gespannt, was weiter passiert.

***

Es gibt immer noch etwas, was Frau S. nicht erzählen kann. Es gibt einen Kreislauf. Sie sieht etwas, was sie berührt, sie nähert sich dem Gefühl. Und dann kommen Schuldgefühle über ihre Tat. Ich verweise darauf, dass mitteilen helfen kann, sie das ja auch schon hier erlebt hat.

Eine Stunde ist sehr still, ruhig und konzentriert. Ich fühle mich sehr im Kontakt. Es sind dieselben Themen, dieselben Worte, sie spricht darüber, dass sie sich nicht annehmen kann, fragt sich: Wieso gerade ich? Bin ich nicht zu Recht bestraft worden. Aber sie ist auch stabiler, kann es besser aushalten, besser hinschauen.

„Was war denn das Schlimmste, was Ihnen ihr Vater zugefügt hat?" „Wo er meine Mutter in den Bauch getreten hat. Wenn er sie geschlagen hat. Er war dann immer eiskalt. So war er zu mir auch."
Keinen Ort für sich selbst. Mitgefühl ist nur über die gewünschte Verbindung zur Mutter möglich.

Die Tage um den Mord, sie kann sich gut erinnern, aber sie erinnert keine Gefühle, gar nichts. Lebhaft erinnert sie Scham, dass sie sich im Gefängnis damit gebrüstet hat. Meine Erklärung: „Ja, da haben Sie viel Anerkennung bekommen auf einmal. Das hatten Sie vorher nicht", ermutigt Sie dazu, kurz vor dem Rausgehen zu gestehen: „Ich bin anschaffen gegangen mit 15." Sie will schnell weg. Ich halte ihr den Mantel hin und sie sagt staunend: „Sie wissen ja nicht, wie schön das ist." Sie meinte den Mantel gehalten zu bekommen, aber es bezog sich wohl auch auf das Teilen der Scham.

Die Therapeutin - Psychotherapie und Politik

Die Arbeit mit Frau S. ist ein Ausnahmefall. Ohne meinen Einsatz, die vielen ausgefallenen Stunden nicht zu berechnen und einfach unter den Tisch fallen zu lassen, wäre er so nicht möglich gewesen. Aber dann hätten wir nie erfahren, dass auch unter diesen schweren Bedingungen Psychotherapie und echte Verbesserung möglich ist.

Die Therapierichtlinien schreiben vor, dass Therapien begrenzt sein sollen. Wöchentliche Sitzungen etwa ein Jahr lang und im „begründeten Ausnahmefall" maximal doppelt so lang. Mit Frau S. habe ich mittlerweile fast vier Mal so viele Sitzungen durchgeführt. Um Ausnahmegenehmigungen zu bekommen, müssen viele Berichte geschrieben werden. Ich kenne mehrere Kollegen, die ähnlich überlange Behandlungen durchführen. Auch Traumatherapeuten, die angetreten sind, dort helfen zu können, wo andere Therapien nicht weiter wissen, korrigieren mittlerweile ihre Zeitangaben nach oben. Die Krankenkassen sind gespalten: Im Zweifel kostet eine ambulante Psychotherapie weniger Geld als Klinikeinweisungen, Krankschreibung oder nach einem Therapeutenwechsel wieder von vorne zu beginnen.

Nach mehr als zehn Jahren Psychotherapeutengesetz lässt sich sagen, dass manche Menschen sehr lange Psychotherapien brauchen, eher wie eine regelmäßig notwendige Dialyse bei Nierenversagen. Allerdings kann sich tatsächlich etwas deutlich verbessern. Es ist anstrengend, aber es lohnt sich. Welche gesellschaftlichen Kosten hat Frau S. verursacht? Gefängnis, Klinik, Wohnheim, Betreuung und für ihre Kinder: Vorschule, Pflegefamilie und wieder Gefängnis, Klinik und Betreuung.

Auch heute noch gibt es viele Kinder, die ähnlich Gravierendes und Schlimmes erleben, Mädchen und Jungen. Vieles ist nicht sichtbar. Familien bemühen sich, nicht aufzufallen, sie suchen keine Hilfe, weil sie sich schämen und fürchten, das Wenige, woran sie sich festhalten, zu verlieren. Hilfe kommt oft viel zu spät und reicht nicht aus. Solche Erfahrungen haben Folgen, auch für die nächste und übernächste Generation. So kann man nicht lernen, arbeiten, Steuern zahlen oder den eigenen Kindern zur Seite stehen. Wenn wir uns heute nicht kümmern, zahlen wir morgen einen Preis, wir alle. Krankenhaus, Gefängnis und Ausfall von Steuern und anderen Gemeinwesenleistungen. Unsere Bequemlichkeit diese Dramen nicht wahrzunehmen, nicht zu helfen, kostet uns später oft mehr.

Dies trifft immer auch Angehörige von Minderheiten, zum Beispiel einige Menschen mit Migrationshintergrund. Häufig hatten sie gute Gründe ihre Heimat zu verlassen oder haben auf der Flucht oder in ihrer neuen Heimat Traumatisches, Gewalt oder Ausgrenzung erlebt. Oft frage ich mich, welchen Grund sie oder ihre Kinder haben sollen, in zwanzig Jahren uns, den geburtenstarken deutschen Jahrgängen die Rente zu bezahlen, wenn wir uns so wenig um sie kümmern.

Einige Psychotherapien dauern lange und kosten viel Geld, aber ich denke die Arbeit lohnt sich. Für den Einzelnen, seine Angehörigen und die Gesellschaft. Es ist eine gesellschaftliche Frage: Was ist uns diese Arbeit wert?

Dennoch sehe ich auch das Problem: Im Laufe der Berufsjahre eines Psychotherapeuten addieren sich solche lang andauernden Prozesse. Wir können nicht unbegrenzt so arbeiten, auch die Kapazität von Therapeuten ist begrenzt.

Frau S. - Missbrauch, Selbstverletzung und veränderte Rollen

Es ist etwas Furchtbares passiert ... das muss ich mit

meiner Therapeutin besprechen. Meine Schwester hat mich angerufen und mir erzählt, dass ihre Enkelin - sie schneidet sich auch und verbrennt sich, aber erst seit kurzem – dass die in die Klinik gekommen ist und dann hat die Ärztin ihre Mutter und die Oma, also meine Schwester, beide zusammen, eingeladen und gesagt: Wir müssen da mal ran. Und dann kam raus, dass die Enkelin auch missbraucht wurde. Von ihrem Stiefvater, dem zweiten Mann ihrer Mutter. Und jetzt hat sie es erzählt.

Das hätte ich nicht gedacht. Die Tochter, sie arbeitet im Tierheim und ja, es sah doch alles immer gut aus. Wenn ich denke, was die noch alles durchmachen muss. Sie hat ja alles noch vor sich. Das ist ganz schlimm für meine Schwester. Ich hab so'n Hass und so'ne Wut auf Männer, alle Männer.

Da wird mir schwindelig. Das haut alles um. Aber irgendwie für mich, ist es auch ..., es verändert etwas. Ich kenn das alles ja. Ich weiß auch, dass es besser werden kann.

Und es bin nicht nur ich. Jetzt ist bei allen, alle, die so psychisch krank sind, sich schneiden in meiner Familie, sie haben alle dasselbe erlebt.

Es ist komisch. Ganz komisch. Das verändert alles. Irgendwie, ich kann es nicht sagen, irgendwie bin ich auch erleichtert. Aber mir wird auch ganz schlecht, wenn ich daran denke. Ganz schwindelig. Irgendwie gut, aber ich bin auch ganz durcheinander.

Und da ist noch etwas: Meine Schwester. Ich hab ihre Stimme gehört. Sie hat nur mir das erzählt. Sie kann mit keinem sonst reden. Die Stimme war so, ... das ist für sie ganz schlimm. Vielleicht, ich glaube, da kommt alles noch mal ganz nah, auch das von früher, von ihrer, also unserer Familie, was sie erlebt hat. Dass sie vielleicht auch uns nicht ... beschützen konnte. Oh, da wird mir schwindelig. Wie kann sie das ...? Ich denk, da man braucht man jemanden, der für einen da ist. So wie mir, so wie die Frau Breunig immer für mich da war, ob es mir gut ging oder schlecht. Ich kenn das doch so, allein zu sein, ganz allein. Das ist ein ganz fieses Gefühl.

Also seitdem ich mit meiner Schwester gesprochen habe, habe ich echt keinen Nerv mehr auf meinen Nachbarn. Irgendwann werde ich ihm so die Meinung sagen. Das weiß ich genau.

Die Therapie - Revolution, Neues und Verwirrung

Frau S. ist sehr aufgeregt. Sie ist bestürzt, erlebt heftige Gefühle von Hass und Wut. Andererseits ist da auch irgendetwas gut dran. Ihre Position verändert sich total. Bisher war sie das Böse, die Kranke, die Andere, die, die nicht zur Familie gehörte. Und nun rums, ist das Böse ganz nah, mitten in der Familie. Nicht mehr draußen. Damit ist auch sie, Frau S., nicht mehr draußen, sondern irgendwie mehr drinnen. Hoppla! Damit hat niemand gerechnet.

Ihre Selbstverletzungen, ihr Schneiden wird verständlicher, es hat einen Sinn. Alle in ihrer Familie, die sich selbst verletzen, haben Missbrauch erlebt. Sie selbst, die Tochter der Schwester Gudrun und jetzt die Enkelin ihrer Schwester Barbara.

Und damit kommt auch ihr festes Bild ins Wanken, dass bei Barbara alles in Ordnung ist und bei ihr alles schief: Krass, denke ich. Es nimmt mir den Atem. Der Kreis schließt sich. Alles findet seinen Ort. Es ist logisch, dass auch in der Familie von der sonst so starken großen Schwester etwas aus dem Thema der Familie auftaucht.

Da kann einem schwindelig werden. Trotz aller Annäherungen zwischen Frau S. und ihrer Schwester Barbara waren sich beide immer einig, dass Frau S. etwas Schlimmes passiert ist und deswegen klar ist, wer hier stark und wer schwach ist. Nun ist Barbara unsicher, tief verzweifelt. Sie spürt, auch sie ist Teil der Familie. Sie hat, ob sie wollte oder nicht, etwas damit zu tun. Das ist schrecklich. Und schrecklich nah.

Und die schwache, schlimme Schwester, sie ist diejenige, mit der sie es teilen kann; die Einzige, die es aushält, ohne etwas abwehren zu müssen. Sie gibt ihr etwas. Das war noch nie. Frau S. war noch nie eine, die etwas zu geben hat, eine Gute.

Frau S. geht es sehr wechselhaft. Sie erlebt starken Schwindel und heftige Stimmungsschwankungen. Und intensive Freude über Aktivitäten. „Ich habe von mir aus aufgeräumt und bin dafür sehr gelobt worden. Da bekommt man richtig Lust etwas zu tun. Sonst musste ich ja immer etwas tun, ich war immer gezwungen. Ich freue mich oft so. Wenn es mir gut geht, geht es mir so gut wie noch nie. Ich habe auch Lust rauszugehen. Ich traue mich noch immer vieles nicht, aber ich will etwas erleben. Da bin ich jetzt so alt und hab Falten und all den Schiet. Und jetzt geht es mir so."

***

Allerdings, ein halbes Jahr später berichtet Frau S., als es ihr wieder einmal schlecht geht, nachdem der Hund des Nachbarn gestorben ist und der Mann in seinem Kummer ihr auf die Pelle rückt, dass sie eigentlich verstehen kann, wieso sie Ängste hat und oft hinfällt. Bei dem, was sie erlebt hat: „Ich hab oft so'n, so'n richtig großen Ekel. Es war doch so, dass meine Mutter, ich glaube, sie war dem Mattner hörig. Der kam über den Balkon. Und dann zog er mich hart am Arm aus'm Bett. Die beiden anderen haben geschlafen oder so getan. Und ich musste dann dastehen und zugucken. ... Diese Geräusche. ... Ich habe immer gedacht, er tut meiner Mutter weh. Ich wollte ihr helfen. Und danach kam er zu mir. Was der mit mir gemacht hat? Ich war doch erst sieben Jahre. ... Es kamen auch andere Männer. Ich weiß nicht, wo die her kamen. Meine Mutter hat sie immer reingelassen. Auch der Mann von meiner Tante kam. ... Der hat mich auch angefasst. Nur mich. Wie mein Stiefvater. Die anderen haben sie in Ruhe gelassen. Sie haben es nicht mitgekriegt, glaube ich. Ich habe mich oft gefragt, wieso ich. Ich glaube, weil ich kein Junge geworden bin. Ich weiß ja heute, wie es ist mit zwei Kindern. Und ich glaube, meine Mutter konnte nicht mehr und hat sich geärgert, dass ich kein Junge war."

Die Therapeutin - Integration

Im Gespräch mit der Schwester stimmt etwas ganz Grundsätzliches und kommt wieder ins Lot. Frau S. kann sich aufrichten und durchatmen. Sie fühlt selbstverständliche Würde auch für sich. Heilung? Jedenfalls Integration. Sie gehört zur Familie, wie alle anderen auch. Das Böse taucht an einer anderen Stelle in der Familie auf und auf einmal sieht alles anders aus. Wenn nicht mehr alles Schlechte bei Susanne S. stattfinden muss, sondern auch mitten in der eigenen Familie erscheint, macht die Ausgrenzung von Frau S. keinen Sinn mehr. Frau S. ist nicht Täter oder Opfer, sondern ein Mensch wie alle anderen. Gutes und Schlechtes, Hilfreiches und Bedrohliches, Klares und Unklares findet sich bei allen Beteiligten, bei Frau S., bei ihrer Schwester und auch bei den anderen Familienmitgliedern. Die Schwester Barbara, die sich immer kümmerte und bemühte, Gutes zu tun, sie kann sich nicht dagegen wehren, dass etwas geschehen ist, unter ihren Augen, bei ihrer Tochter, etwas, was sie nicht wollte, aber nicht verhindern konnte. Auch sie hat Mangel erlebt und der hatte Folgen. Ihr Kümmern war weniger frei gewählt als eine tägliche Stütze und die Idee, etwas in der Hand zu haben. Plötzlich ist es wie früher. Auch damals konnte sie etwas nicht verhindern. Kaum zu ertragen. Aber heute ist sie nicht allein. Ihre Schwester kann sie verstehen. Sie hat Erfahrung mit Schuldgefühlen und kann nachfühlen. Genau wie Barbara den Missbrauch an ihrem Enkel nicht wollte, wollte vielleicht auch Frau S. einiges nicht? Und es ist doch passiert.

Es ist ein erhebender Moment. Eine Wahrheit wird

beiden Schwestern deutlich. Mit uns allen ist etwas passiert. Wir sitzen in einem Boot und wir haben etwas getan, sind schuldig und unschuldig zugleich. Ja, es gibt die Schuld von Frau S. und es gibt die von Barbaras Tochter und keiner hat das wirklich gewollt. Keiner hatte den Überblick, war souverän und sicher.

Der riesige, unerfüllte Wunsch von Frau S., zu ihrer Familie dazuzugehören, wie wir alle zu jemand, zu einer Gemeinschaft gehören wollen, wird erfüllt. Die vielen Bemühungen zu sich zu stehen, haben ihre Schwester ermutigt, sich auf eine Erweiterung ihrer bisherigen Sichtweise einzulassen. Und so konnten beide etwas Neues integrieren und dadurch ihre Welt erweitern. Frau S. gewinnt Wahrnehmung, Anerkennung, Versöhnung, Raum und Freiheit. Und Barbara gewinnt Zugang zu bisher Unbekanntem, Gefürchtetem, Zugang zu eigener Schwäche und Hilfsbedürftigkeit und eine Schwester.

Die tiefe Sehnsucht dazuzugehören, zu der Familie, und die Aussichtslosigkeit dieses Unterfangens, wegen eines ihr unverständlichen, unveränderlichen Makels, für den sie doch nichts konnte, wird verständlich.

Mit der dritten Tochter hat die Mutter vielleicht endgültig den Mut und die Hoffnung verloren, dass es in ihrem Leben besser wird. Nicht durch die Heirat und das erste Kind, nicht durch den Liebhaber und das zweite Kind hatte sich irgendetwas zum Besseren gewendet. Nein, es würde alles so bleiben oder eher noch schlechter werden. Ja, es kamen andere Männer, andere Kinder, keine Hoffnung mehr. Diese Tochter, Susanne, stand für den Hass auf ihre Situation, auf die erlebte Hilflosigkeit und auf sich selbst. Sie spiegelte das bei sich selbst Gehasste, sich mit den Männern einzulassen und nichts Besseres verdient zu haben. In dieser Missachtung, dem Missbrauch, war ihre Tochter ihr nah. Sie teilte den Dreck mit ihr, sah zu, musste zusehen und trug ihre Wut.

Wäre das Mädchen ein Junge gewesen, wäre ihr das nicht passiert. Sie hätte ein kleiner Mann sein können, der die Mutter bedingungslos liebt. Aber diesen Gefallen hatte Frau S. ihrer Mutter nicht getan. Die Zuwendung der Tochter tröstete die Mutter, und an ihr konnte sie einen Teil ihrer Wut und Verachtung für sich selbst abladen. Hätte Susanne sich gewehrt, hätte sie die Nähe zur Mutter gefährdet, die Einzige, die sie hatte. Wichtiger als Hilfe für sich selbst war der existenzielle Wunsch, jemandem, der Mutter, nah zu sein.

Und weiter war Susanne ein Teil des Täters, als seine geborene Tochter. Das Böse in ihr? Sie gehörte zu demjenigen, der von den anderen Familienmitgliedern für die Misere der Mutter verantwortlich gemacht wurde, der leichter abgelehnt werden konnte als die Mutter selber. Eine Legitimation für die Ablehnung und den Missbrauch?

Der eingeschränkte, in Teilen zuverlässige Stiefvater hatte enge Grenzen und eine andere Seite. Lieblos und hart, hatte er Teil an den Absprachen und der Misshandlung. Seine genaue Rolle ist unklar. Frau S. erinnert sehr genau die Verurteilung wegen „schwerer Kuppelei". Der Alltag war gekennzeichnet durch Streit und Gewalt gegen die Mutter. Als Einzige wurde Susanne von dem Stiefvater im Intimbereich angefasst.

Durch alle wichtigen Bezugspersonen erfuhr sie Demütigung und tiefe Verletzung. Mutter, Stiefvater und leiblicher Vater. Mehrfacher Selbsthass. Kein Ausgang, kein Halt. Ich verstehe die enorme Beißhemmung und Unfähigkeit von Frau S., etwas für sich selbst zu wollen: Sie hatte nichts zu wollen. Sie hat es nicht erlebt. Die Mutter konnte in wichtigen Punkten nicht Nein sagen, der Vater auch nicht. Auch Susanne konnte nicht sagen: „Nein, ich möchte nicht zu diesem Vater, in einer Pflegefamilie ist es besser für mich."

Genauso wie Susanne lebte auch der Stiefvater in der Vergangenheit, gebunden an die Mutter. Von der Heranwachsenden forderte er die Einhaltung von Regeln und die Erledigung des Haushaltes. Die Bedürfnisse des Mädchens spielten keine Rolle. In seiner fleißigen Kälte vermittelte er ihr, dass sie in ihren Bedürfnissen nach Zuwendung und Halt, nach Männern, ebenso schlecht sei wie ihre Mutter, niemals „gut" werden könne. Er drohte ihr: „Wenn du schwanger wirst, schlag ich dir das Kind aus dem Bauch", so wie er es bei ihrer Mutter getan hatte, bevor diese das Kind verlor und starb.

Es traf den Stiefvater zuallererst, weil er die Mutter getreten hatte, ihre Hoffnung. Ihn konnte sie ablehnen als denjenigen, der ihre Mutter auf dem Gewissen hatte, und der nicht zu ihr gehörte. Nach dem Tod der Mutter war er als Trinker mittlerweile schwach genug, um den Gedanken an Auflehnung zu wagen. Selbsthass brach sich Bahn. Mitgefühl hatte in ihrem Leben keine Rolle gespielt. Der Versuch sich zu wehren schlug fürchterlich fehl. Wieder war sie draußen, noch böser und ablehnenswerter als zuvor.

Wir wissen nicht alles, wir wissen wahrscheinlich noch nicht einmal viel. Aber wir haben etwas Existenzielles verstanden. Dass es keinen Grund braucht, dazuzugehören! Sie ist wie alle anderen auch. Sie ist Teil der Familie.

Frau S. - Lust zu leben

Ich habe etwas sehr Schönes erlebt. Das hat mir so noch keiner gesagt. Ich habe mit meiner Schwester telefoniert und sie hat mir erzählt, dass meine Geschwister da waren. Und als sie wieder einmal gefragt hatte: „Wollt ihr die Susanne nicht mal anrufen?", und die wieder gesagt haben: „Nein, wieso denn, das wollen wir nicht". Da hat Barbara gesagt: „Die Susanne gehört zur Familie, genau wie alle anderen."

Und ich war mit dem SPZ bei einem Grillabend am See. Das war vielleicht schön. Der See. Der Himmel. Alle Menschen hatten gute Laune. Ich habe mit einer Mitarbeiterin gesprochen, am Seeufer. Ich habe richtig dazu gehört! Das war der schönste Tag in meinem Leben. Ich möchte noch mehr erleben.

Die Therapie - Wie weiter?

Die Therapie wird weitergehen. Vermutlich seltener und mit längeren Pausen, aber vielleicht auch noch länger.

Die Therapeutin - Mut

Ich habe dieses Buch geschrieben, weil ich mich während meiner therapeutischen Tätigkeit immer wieder gefragt habe, was in einer Psychotherapie wirkt. Meine Zweifel haben mich dazu gebracht, sehr genau hinzugucken und alles immer wieder auf den Prüfstand zu stellen.

Heute weiß ich was ich kann: Hingucken, mich einfühlen, Zusammenhänge erkennen und Schweres mit jemandem aushalten. Und ich weiß, wie viel es ausmacht, sich selber und seine eigenen Erfahrungen ernst zu nehmen. Von dieser Basis aus kann ich mich auf den anderen einlassen und versuchen ihn zu verstehen. Selbstwert und Emanzipation sind meine Pfeiler. Unsicherheit ist unvermeidlich.

Psychotherapie ist die Idee, dass es zu dem Menschen heute und seinem Leid eine Geschichte gibt. Wenn wir diese Geschichte verstehen können, kann es helfen sich heute zu verändern. Das ist ein Modell. Wir wissen nicht, ob es stimmt. Aber wir wissen, dass es hilfreich sein kann.

Frau S. hat geholfen, dass ich ihr unbedingte Wertschätzung entgegengebracht habe. Ein Zutrauen, dass sie liebenswert ist, verstehbar und grundsätzlich gut. Was nicht heißt, dass sie nicht auch egoistisch, aggressiv, gemein und Ähnliches sein kann. Das können wir alle. Gerade die Idee grundsätzlich gut zu sein, war für sie wichtig. Wenn Sie sich selber verletzt hat oder Ärzte beschäftigt, konnte sie zwar ihre Wut sehen, nicht aber ihre begrenzten Möglichkeiten, sich auszudrücken und zu schützen. Hinter der Wut war immer eine Selbstanklage. Verständnis und Aushalten, das war nicht möglich.

Frau S. brauchte Mut und ich auch. Immer wieder wusste ich nicht, wo es weiter geht. Es kostet Mut, diese Unsicherheiten auszuhalten und mich immer wieder neu auf Klienten einzulassen. Psychotherapeuten schwitzen auch. Ich kenne keinen guten Therapeuten, der nicht auch leidet und immer wieder ernsthaft unsicher ist. Das ist so. Wieso soll ich es verschweigen? Ich lebe damit und kann gerade deswegen andere ermutigen.

Ich bin davon überzeugt, dass Therapie etwas kann. Sie wird gebraucht. Aber es bleibt immer ein unverständlicher Rest. Das Leben ist unwirtlich, risikoreich und letztendlich nicht zu definieren. Verzweiflung gehört zum Leben dazu.

***

Deswegen möchte ich ein Plädoyer halten für selbstbewusstes Experimentieren, für das Aushalten von Nicht-genau-wissen, für Annehmen, auch wenn es schwierig ist, anstelle von scheinbar klaren Konzepten und exakt messbaren Veränderungen. Diese verstellen den Blick für den Kontakt.

Liebe Frauen und Männer, die ihr Schweres erlebt habt, Gewalt oder Missbrauchserfahrungen: Es lohnt sich, sich selber ernst zu nehmen. Psychotherapie kann helfen. Reden kann helfen, mitteilen und miteinander teilen kann helfen. Die Vergangenheit kann nicht gelöscht werden, aber es ist möglich, sich selber besser zu verstehen und aufzuhören, sich selber weiter Schaden zuzufügen. Das hat niemand verdient.

Liebe Frauen und Männer mit weniger offensichtlich schlimmen Erfahrungen: Sich selber ernst zu nehmen ist der Anfang. Langjährige psychische Misshandlungen können genauso schwer aufzulösen sein wie offensichtlich Körperliche.

Liebe Psychotherapieklienten: Verlasst euch nicht auf den äußeren Schein, auf die Etiketten. Guckt euch eure Psychotherapeuten genau an. Das, was sie erlebt haben, bestimmt ihre Möglichkeiten. Geschenkt wird einem nichts, auch nicht in der Therapie. Gerade deswegen lohnt es, genau zu gucken, wen ich vor mir habe.

Und nicht zuletzt, liebe angehende Psychotherapeuten: Traut euch, nach guter Ausbildung zu suchen. Traut euch, auszuprobieren und euch auf etwas einzulassen, bei dem ihr nicht wisst, wo ihr ankommt.

P. S.: Ich mag Frau S. gerne. Und das ist wichtig.

Frau S. - Was ich sagen wollte

Liebe junge Frauen, die ihr irgendwie Ähnliches wie ich erlebt habt: Spart euch die lange Zeit. Fangt früher an als ich. Lasst euch auf Hilfe ein, wenn sie gut ist und wenn sie euch gefällt. Es lohnt sich nicht, sich selber so zu verletzten. Davon wird nichts besser. Und ob ihr es glaubt oder nicht: Ihr habt einen Grund für euer Verhalten. Wenn ihr den versteht, dann könnt ihr leichter anfangen, euch selber anders zu behandeln, als ihr es kennengelernt habt. Das ändert eine Menge. Und das habt ihr verdient.

Ich würde mich sehr freuen, wenn euch dieses Buch dabei helfen kann.

P.S.: Sehr gefreut hat mich, dass Frau S. das fertige Buch gerne gelesen hat. Sie konnte einiges noch deutlicher erkennen, anderes klar kritisieren und sogar ablehnen. Besonders gefallen hat ihr, meine Sicht der Dinge zu hören, meine Nöte und ganz konkret, dass wir beide das Gefühl kennen, zu etwas Ja sagen zu sollen, was so nicht passt. Ich war überrascht und beeindruckt, wie viel Schwung ihr das Lesen des Buches gegeben hat.

P.P.S.: Bertha von Pappenheim, besser bekannt unter dem Pseudonym Anna O., die erste und wohl berühmteste Psychoanalysepatientin, verlangte von sich aus danach, dass ihr Therapeut ihr zuhören sollte. Sigmund Freud bezeichnete sie deswegen als die eigentliche Begründerin der Psychoanalyse[32]. Und obwohl Anna O. noch einige Jahre nach ihrer Psychotherapie psychisch krank war, wurde durch diese Behandlung ein Berufszweig ins Leben gerufen, ohne den unser heutiges Leben nicht denkbar wäre, deren Inanspruchnahme vielen Menschen ein Bedürfnis ist.

Anmerkungen

[1] Alle Namen sind geändert. Frau S. ist eine Person, die Schutz verdient und sie steht für viele andere Menschen. Deswegen wird sie hier, wie in Therapieberichten üblich, mit Anfangsbuchstaben benannt.

[2] In der Psychotherapie wurde oft auch der Begriff „Klient" verwendet, welcher stärker auf die Eigenaktivität und Würde des Therapiesuchenden verweist. In der Psychotherapie als gesetzlich geregelter Krankenbehandlung werden „Patienten" behandelt. Aus Gründen des vertrauten Sprachgebrauchs und um den verschiedenen Bedeutungen gerecht werden zu können, verwende ich beide Begriffe abwechselnd.

[3] Ambulantes Betreutes Wohnen bietet psychisch kranken Menschen Hilfe bei der Bewältigung alltäglicher Anforderungen.

[4] Schwere psychische Erkrankung mit vielfältigen Symptomen, häufig selbstverletzendem Verhalten.

[5] Arrest- oder Beruhigungszelle

[6] Psychotherapeutengesetz 1999

[7] Marion Gräfin Dönhoff: Laudatio Friedenspreis d. dt. Buchhandels, Preisträger Lew Kopelew, 1981,

[8] Schwere psychische Erkrankung, häufig mit Realitätsverlust, die fast immer psychiatrisch, also medikamentös behandelt wird.

[9] Krankenschwester des ambulanten psychiatrischen Pflegedienstes, der 3 mal tägl. 3 Min für die Medikamentengabe und ein mal zwanzig Minuten für ein Gespräch zu Frau S. kommt.

[10] Sich selber zu verletzen ist häufig eine Reaktion auf unaushaltbaren Schmerz, Angst, Druck, Hilflosigkeit oder andere Gefühle. Dieser Schmerz ist selbst zugefügt, ermöglicht einen Fokuswechsel und kurzfristig positive Gefühle wie Entlastung, Einheit der Person, Trost und Fürsorge.

[11] Frau S. hat später geheiratet und den Namen ihres Mannes angenommen.

[12] Wenn aus Gründen der besseren Lesbarkeit im Text nur die männliche Form oder weibliche Form verwendet wird, ist die jeweils andere Form selbstverständlich mit gemeint.

[13] Sabine Breunig: Eine Befragung von Fachärzten für Psychiatrie über Probleme und Hintergründe ihrer Tätigkeit, Berlin, 1993

[14] Psychose: Schwere psychische Erkrankung mit zeitweiligem Verlust des Realitätsbezuges (Wahnvorstellungen), häufig gut mit Medikamenten behandelbar. Heute wird von einer körperlichen

Empfindsamkeit in Verbindung mit auslösenden Belastungen (Vulnerabiltitäs-Stress-Modell) ausgegangen.

[15] Neurose: Nach S. Freud, eine psychische Erkrankung, die auf einen innerpsychischen Konflikt zurückgeht.

[16] Humanistisches Therapieverfahren. Das jeweils wichtigste Bedürfnis tritt aus dem Hintergrund (Unbewusstes) in den Vordergrund (Bewusstsein) und bildet eine Gestalt. Der Therapeut sucht Störungen im Gestaltbildungsprozess zu erkennen und zu verdeutlichen. (Fritz u. Laura Perls, USA u.a.)

[17] Gerichtsgutachterin und Professorin für Psychologie, TU-Braunschweig (*16.10.1920 †7.7.1012)

[18] Prof. G. Rudolf, Strukturbezogene Psychotherapie, Stuttgart 2006, u.a.

[19] D. W. Winnicott, Kinderarzt u. Psychoanalytiker (†28. 1. 1971) u.a.

[20] Francine Shapiro, USA - Eye-Movement Desensitization and Reprocessing; und Arne Hofmann, EMDR: Therapie psychotraumatischer Belastungssyndrome, Stuttgart, 2006

[21] E. J. M. Bowlby (†1990) und Dr. K. H. Brisch, Kinder- und Jugendlichenpsychiater, Psychoanalytiker, München

[22] M. Berger in: Süddeutsche Zeitung 12./13.3.2011

[23] Kinder erleiden schwere, auch körperliche Beeinträchtigungen, wenn sie zwar körperlich ausreichend versorgt sind, aber keine emotionale Zuwendung bekommen.

[24] Michael Rutter, Die psychischen Auswirkungen früher Heimerziehung, in: Kinder ohne Bindung, Hrsg. K.H. Brisch/ T. Hellbrügge, 2013

[25] Sozialpsychiatrisches Zentrum mit Behandlungs-, Beratungs- und Freizeitangeboten

[26] Diss. Dr. phil. Sabine Wolff: Zwischen Schulenorientierung und Methodenintegration, Berlin, 2009

[27] Jeffrey E. Young, USA: Umfassende mitunter dysfunktionale Schemata steuern unser Verhalten und sollen in der Therapie identifiziert und verändert werden.

[28] Prof. Rudolf, Strukturbezogene Psychotherapie, Stuttgart 2006

[29] Grawe 1994

[30] Tour des ambulanten Pflegedienstes

[31] Sabine Rückert: Unrecht im Namen des Volkes. Ein Justizirrtum und seine Folgen, Hamburg 2007

[32] Dr. Josef Breuer und Dr. Sigmund Freud: Studien über Hysterie, Wien, 1895